悪《ワル》のススメ

国際政治、普遍の論理

宮崎正弘
MIiyazaki Masahiro

ワニブックス

プロローグ

中国ほど悪質な国はない

「悪党は一人でも悪党と言われ団結性を持っている。それに比べて善人は、善党と言われないように孤立的、傍観的である。したがっていつも悪党に機先を制せられる。今日必要なことは善人が団結し、勇気と自信を持って民族の道義を回復することである」

（安岡正篤《やすおかまさひろ》。昭和四九年四月二日、日本会議結成会での基調講演）

AI時代の新しい陰謀のかたち＝「サイバー真珠湾」、「デジタル911」の脅威

中国軍の戦略思想は「超限戦」（Unrestricted Warfare）である。基本は孫子の兵法であり、卑怯《ひきょう》とか武士道とか戦闘の原則とか敵将を褒めるとかは端《はな》から無視される。倫理はないが、ほかはナンデモアリの世界だ。

米国の国防、安全保障研究シンクタンクから矢継ぎ早に出されるレポートは「サイバー真珠湾」、「デジタル911」を中国が仕掛けるという早期警戒の呼びかけだ。

「中国のハッカー軍団が米国（ならびに台湾と西側先進国）のインフラ、とくに送電網、貯水池や処理場、パイプライン（水道管、ガス管を含む）、交通・通信システムなどの主要なインフラを標的に攻撃しようとしている」

中国が標的とする国々の生活に不可欠なすべてのシステムを破壊する目的に基づく。

電気が使えなくなれば、家電はもちろん使えない。充電が不可能になればパソコンも携帯電話も使えない。貯水池や処理場が破壊されれば、蛇口からは水が出なくなり、珈琲も紅茶も飲

めず、炊事、洗濯もできない。ガスが切れると台所も機能しない。交通インフラが襲撃されると、通勤電車も新幹線も動かず。出張や観光はもちろん、移動も機能不全に陥る。下水処理場が麻痺《まひ》したら疫病の蔓延《まんえん》も考えられる。そもそも工場が稼働しない。物流が止まれば社会は大混乱とパニックに襲われる。この「インフラ破壊をサイバー攻撃で行う」。その準備を整えたのが中国である。

通信が途絶えると政府も軍も警察も国を守ることができなくなる。機関銃も大砲も爆撃機も不要、弾丸は一発も発射されない。「超限戦」=「孫子の兵法」の現代版である。

「西側は、中国共産党が悪意のある脅威と正しく認識する必要がある。防御の第一はこの認識である」と主張するのは「ゲートストーン研究所」のピータ・ホークストラで、「TikTokは（中国の）戦争の武器だ」と定義したゴードン・チャン（ベストセラー『来たるべき中国との戦争』の著者）らがメンバーに名を連ねる有力シンクタンクだ。

二〇二二年七月六日、従来にないイベントが行われた。クリ

MI5のケン・マッカラム長官（左）とFBIのクリストファー・レイ長官（右）がテムズ・ハウスで会見を行った。2022年7月6日　©PA Images／アフロ

ストファー・レイFBI長官と英国MI5のケン・マッカラム長官が史上初めて共同で公開の場に登壇し、「増大する中国、安全保障上の課題」を話し合った。中国の「超限戦」への取り組みが緊急に必要であると訴えたのだ。

中国共産党が西側諸国から技術や企業機密を盗取している現実があり、その対象分野には先端材料、データ、AI（人工知能）などが含まれる。

サイバーセキュリティ・インフラセキュリティ庁（CISA）のジェン・イースタリー長官は「米国と中国共産党の間の戦略的競争に関する下院特別委員会」で、「中国がもたらす脅威は想像上のものではなく、現実である」と証言した。

通信業界、航空、エネルギー、水道インフラへの中国共産党の侵入はすでにあちこちで発覚し、中国の脅威が増大している。世界的な安全保障環境では、米国と同盟国が脅威を軽減するためにインフラとシステムを強化する緊急対応が求められているのである。

あまつさえ中国首謀とみられる違法に製造された薬物・フェンタニルで、毎年およそ七万人のアメリカ人が死亡している。この犠牲者数は、大型飛行機墜落事故が毎日起きてい

ジェン・イースタリー長官

る計算になる。

これらを踏まえて前述の米シンクタンクは以下の提言をしている。

第一に、対応すべきは中国を「テロ支援国家」に指定することだ。Ｓｗｉｆｔ（世界一万以上の金融機関が相互に金融取引情報を送受信するネットワーク）から排除すべきである。

第二に、企業や大学も、知的財産の盗難をより困難にし、検出しやすくするために、セキュリティシステム構築に真剣に取り組むべきである。

第三に、米国は国家安全保障の優先事項として、同盟国と協力して知的財産と技術開発の成果を保護する必要がある。中国共産党への技術移転を防ぐためにもっと緊密に協力しなければならない。

第四に、民間企業は自社のシステムが外部の組織によって攻撃または侵害された場合、政府にただちに通知する必要がある。現行法では当局に報告する期限を四日以内としているが、多くの企業は自社のシステムが侵害されたことを認めたがらない。風評被害を懼《おそ》れるからだ。そんな悠長な対策では被害をさらに大きくする。

第五に中国共産党系列の中国企業による米国での企業買収や合弁、ＥＶ用バッテリーの生産などを含め、中国共産党の脅威に関して国、州、地方政府の間での連絡調整が必要である。中国共産党がアメリカの土地、就中《なかんずく》、軍事基地近くの土地を買い占めている現実は軍事的な脅威であるのはいうまでもない。

中国共産党に対し新型コロナウイルスの責任を追及できなかった政府の失敗を猛省し、米国ならびに同盟国が中国共産党と戦争状態にある現実を認識しなければならない。

これらの提言の一つひとつは日本にも当てはまる。仕掛けられる前に防御を完璧にする緊急性がある。だが「善意の塊」＝日本政府も日本人も、なんとものんびりしていることだろうか。

しかし「内部の敵」がもっと深刻なのだ

西側の弱みとは「内部の敵」（「彼ら」の代理人）が繰り返す利敵行為に対して、全体主義国家のような予防的禁止策がとれないことだ。

『ワシントン・ポスト』は嘗てジョージ・ソロスを評し、「米国が支援するヨーロッパの政権転覆の公然たる工作員」と比喩した。褒めたのか、貶《けな》したのか、ジョージ・ソロスは左翼活動の胴元として知られ、保守陣営は敵視してきた。ソロスの面妖なグローバリズム信奉は、父親がエスペラント語のスペシャリストであり、「国境を越える」「人類の生来の無関心を克服する」という信念に強く影響されている。ソロスはハンガリーで過ごした幼年時代からエスペラント語をたたき込まれた。

戦後、ソロスはロンドンに移り、ロンドン・スクール・オブ・エコノミクスでカール・ポパーに学んだ。一九六三年にニューヨークに移る。一九七〇年にファンドを設立、一九七三年には投資家のジム・ロジャースと組んで「クォンタム・ファンド」を設立した。同ファンドは年率二四%という空前のパフォーマンスを演じ、世界の金持ちが彼に財産を託した。

カール・ポパー

ジム・ロジャース

ソロスが「謎の錬金術師」、「世界一の投機家」として名前が挙がったのは一九九二年だった。英国の景気後退を予測し、大胆に英ポンドを空売りし、一晩で一〇億ドルの利益を上げて「ソロス神話」が形成された。

一九九七年には、タイ・バーツを大量に空売りし、アジア金融危機を引き起こした。マハティール（マレーシア首相＝当時）は「アジア通貨危機は奴らの陰謀だ」と非難した。ソロスはこうした投機によって得たあぶく銭を左翼運動家に投下した。チェコスロバキア、ユーゴスラビアを含むヨーロッパ数十カ国の左翼活動家や団体に資金を提供。リベラルな主張をする左翼野党、出版社、共産主義シンパの独立系メディアに資金を注ぎ込んだため、多くの国が左傾化した。「ビロード革命」「チューリップ革命」「薔薇革命」などカラー革命がドミノ倒しのように旧東欧で連鎖したが、背後にはソロスの影があった。ウクライナの「マイダン革命」は、明らかにソロスが関与している。

ソロスは次に米国に目を向けた。

社会を潰乱《かいらん》し、アメリカ国内を分裂させることが究極の目的である。正常な感覚の持ち主から見ればソロスがやったことはアメリカ社会の破壊である。

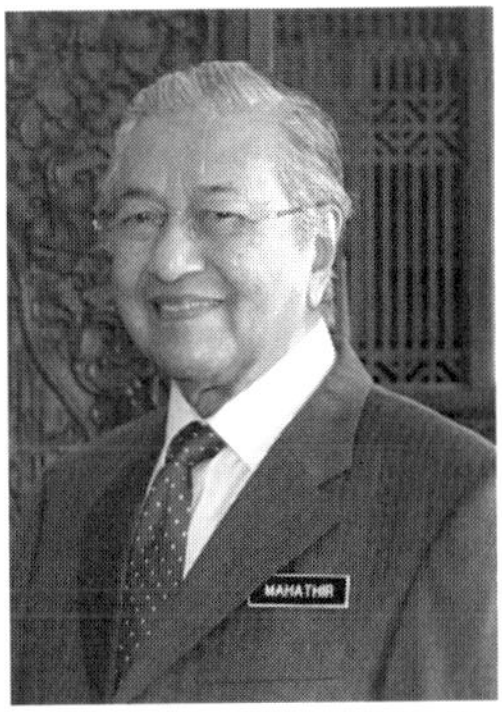

マハティール・ビン・モハマド首相（当時）

ジョージ・ソロス

ソロスの献金先の一つ、「アメリカ社会正義研究所」なる団体の目的は「社会プログラムへの政府支出の増加を求めるロビー活動を通じて貧しいコミュニティを変革する」だ。

「ニューアメリカ財団」の目的は「環境保護やグローバル・ガバナンスなどのテーマで世論に影響を与える」と言う。

「移民政策研究所」の目的は「不法移民の第三国定住政策を実現し、不法移民に対する社会福祉給付を増やす」である。

これらの社会擾乱《じょうらん》の元凶となった団体にソロスは資金を注ぎ込んだ。選挙資金法を回避するために、タイズ財団、アメリカ進歩センター、民主主義同盟を含む多くの左翼団体を迂回させ、資金を流した。民主党とジョー・バイデン、バラク・オバマ、ビル・クリントンやヒラリー・クリントンといった政治家にも巨額の寄付を行っている。二〇一五年には、ミズーリ州ファーガソンとメリーランド州ボルティモアで発生した社会擾乱の元凶とされるBLM（ブラック・ライヴズ・マター）等に三三〇〇万ドル以上を寄付した。

このハンガリー生まれのユダヤ人、ジョージ・ソロスを最も忌み嫌い、激しく批判しているのは母国ハンガリーである。ハンガリーはソロスの移民政策を強く批判して、「最後に笑うのはソロス氏であってはならない」とのキャンペーンを展開した。

ヴィクトル・オルバン首相自ら、「ソロス発言には政治的側面がある。偶然の失言ではない。私たちが移民問題で危機に晒されているときに、ソロスのような（不法移民擁護）発言が急増している。これらの背後に彼がいることは火を見るより明らかだ」と一貫して批判してきたのである。

彼らのやっていることは「偽善」である。

地球温暖化を訴え、環境保護でノーベル平和賞を貰ったアル・ゴア元副大統領のテネシー州の豪邸は年間の電気代だけで三〇〇万円もかかっている。これには、リベラルなメディアもさすがに批判した。

オバマ大統領は就任中「清廉」の印象を振りまいたが、マサチューセッツ州の有名保養地マーサス・ビンヤード島に豪華別荘を建て（敷地一一万八〇〇平方メートル）、コロナ禍で人々が外出を自粛している最中に御披露目パーティを開催し、スティーブン・スピルバーグ監督ら七〇〇人を招待した。これもメディアは非難した。

ビル&ヒラリー・クリントン夫妻にいたっては夫婦揃って「守銭奴」だ。著作と講演で稼ぎまくり、退任後の六年間で二七〇億ドルを稼ぎ出した（『フォーブス』二〇一五年一〇月二二日電子版)。

ＢＬＭ創設者の一人パトリッセ・カラーズはカリフォルニアに一・五億ドルの別荘を二軒持ち、他にジョージア州にも豪邸を購入していたことが発覚し、ＢＬＭ支援運動は突如沙汰《さた》止みとなった。

まったくもって世界中どこもかしこもワルばかりだ。

ＢＬＭ創設者のひとりパトリッセ・カラーズ

ビル＆ヒラリー・クリントン夫妻　©AP／アフロ

目次

第三章 欧米は第三次世界大戦をやらかすのか？ 疲れを待つのが中国

第四章 日本人の大きな大きな勘違い。世界を動かすのは「仁」でも「信」でも「徳」でもなく軍事力と情報力だ

第五章　米国を筆頭に西側諸国の中国への壮大な誤解と過大評価

エピローグ　米国で現代版の南北戦争がホントに始まった

※敬称につきましては、一部省略いたしました。
役職は当時のものです。
※写真にクレジットがないものは、パブリックドメインです。

第一章

アメリカはなぜこれほど落ちぶれたのか

建国二五〇年を迎えるが……

私が初めて米国を訪れたのはいまから半世紀前、サンフランシスコ、ロスアンジェルス、そしてハワイに立ち寄っただけの一週間ほどの旅程だった。当時はまだアメリカンドリームの神話が生きていた。人々は希望と夢を抱き、また町の風景にも活気があった。あちこちに星条旗が翩翻《へんぽん》とはためき、建国二〇〇年の祝賀前祝いの空気は溌剌《はつらつ》として、若者には元気があった。

爾来《じらい》、米国各地、とくにワシントンとニューヨークには取材で何回も（五〇回近く）訪れた。一九八三年には米国教育関連シンクタンクの招きでカリフォルニア州の学園都市クレアモントに一カ月滞在し、連日、学生寮の「教室」で著名教授の講義やワシントンから来た講師らとの討論会に出た。憲法や国際情勢をめぐって熱い議論が沸騰していたのをいまでもよく覚えている。土日には別のプログラムが組まれ、野球ナイター観戦、ディズニーランド、サンディエゴなどに行った。古き良き時代の「法と秩序」があり、男女間にはモラルがあり、好景気で治安も良かった。季節労働者としての移民は歓迎されていた。

当時のアメリカは、大国としての余裕があった。一九八四年に行ったリチャード・ニクソン元大統領との独占インタビューで、ニクソンから「日本は経済力を武器に使え。日本は巨大なインポテンツだ」と余裕のある指導者の言葉が飛びだした。帰り際にニクソンは私に「あの若いのによろしく」と言った。「あの若いの」というのは中曽根康弘元首相のことだった。

現在のアメリカはどうか。

「世界一の大国」だったアメリカは価値紊乱《びんらん》の時代に直面し、モラルを含めて社会全体が落ちぶれている。ウォール街と軍需産業とシリコンバレーに集中的な繁栄はあっても、大都会の一部は無法地帯だ。地方都市は寂れ、農村はくたびれはて、そして何よりも人々の表情からは活気が失せている。若者たちの眼には輝きがない。

リチャード・ニクソンに独占インタビューする著者（右）1984年4月

先日も友人とアメリカ体験を話し合ったがこんな感じだった。

「初めて行ったときは、希望と夢に溢れ、町には活気があった。いまは治安悪化、不安心理が社会全体を襲い、完全な分裂状態。大統領選挙は〝シン南北戦争〟ですね。二〇二六年七月四日、アメリカ建国二五〇年祭は『喪』の雰囲気に包まれるのでは？」

政治を見れば、大統領候補の老人たちが侃々諤々《かんかんがくがく》、自分だけを徹底的に称賛し、失敗はすべて相手の所為《せい》だと非難し、国家は機能不全、議会も世論も分裂状態。この趨勢のまま二年後、二〇二六年七月四日を迎える。建国二五〇年の式典はトランプ主催となるか、それとも他の人になるのか？

社会は麻薬、凶悪犯罪、治安最悪などで相互不信となり、ささくれだった心理が拡大。平均寿命も低下し、肥満率は「大躍進」だ。他にも、学生の不登校、大学ローンの支払い不能、禁治産者の群れ、クレジットカード破産、鬱病の蔓延、不満の爆発による暴力行為、無差別殺人……。

二〇二三年の統計によると、アメリカ人は六六五億ドルをギャンブルに使ったという。アルコール関連の死亡事故は一八％の増加、スピード違反死亡事故は一七％増だった。鬱病は五〇％以上増え、一〇代の自殺率は四八％増えた。とくに一〇歳から一四歳の女の子の自殺率は一三一％と急増した。

「友人が三人以下」という孤独な人間が増え、一〇人以上の友達を持つアメリカ人は三分の一程度しかいないという統計もある。そして、彼らの多くは、友達はいても、恋人は不在、結婚することなど人生設計にはプログラミングされていない。したがって出生率は劇的に低下し、離婚は倍増した。そこに追い打ちをかけるようにメディアの左翼偏向が加わる。

　このような状態は日本も同じである。韓国、台湾、香港、シンガポールなどアジア諸国の出生率は日本よりも低い。中国は統計を出していないが、出生率は韓国並みの〇・七前後ではないか。ドナルド・トランプが言う「アメリカを再び偉大に」の標語とは裏腹にアメリカは「世界一の軍事力」を維持できなくなった。

　軍人の質の低下も目に見えない脅威である。

　ペンタゴンは「採用目標を達成できない」と苦言を呈した。女性の入隊増で軍隊の機能が麻痺し、軍人家系から軍への応募が急減した。軍人たちが現在の軍のあり方に呆れたからだ。「アメリカの若者はこれまで以上に兵役に就く資格が低下している」と陸軍の基本戦闘訓練を行うフォート・ジャクソンの司令官のパトリック・ミカエリス大将は軍関係のメディア『スターズ&ストライプス（星条旗）』に語った。陸軍参謀長のジェームス・マッコンビル大将(当時)は、「軍務を志す若い男女はたくさんいるが、彼らは学力要件を満たしていないし、身体的要件も満たしていない」と言う。

ジェームス・マツコンビル

　まさに目の前の現実は米国衰退、国家分裂という最悪のシナリオへの「炭鉱のカナリア」だろう（カナリアは事故の予兆を警告する）。だがアメリカのカナリアは歌を忘れている。

米国の港湾ターミナルのクレーンは大半が中国製で、スパイ機材が取り付けられていた

こうしたアメリカの病巣を衝き、衰退傾向に拍車をかける謀略を仕掛けているのが中国である。蝕《むしば》まれた現実の悲惨さを見てみよう。

二〇二三年二月、米上空を飛んだ中国のスパイ気球を米軍機が撃墜したことは記憶に新しい。当時、米軍は「中国のスパイ気球」と断定し、これを大西洋上で撃墜した。一方、中国は「観測気球が軌道をそれただけ」と言いつくろい、頬被《ほおかぶ》りを決め込んだ。このスパイ気球は日本の上空をたびたび通過したばかりか、台湾には数個のスパイ気球が飛来した。

中国のスパイ気球。アメリカ空軍により撃墜され、破片が回収された

今度はスパイ・クレーンである。

米議会調査局は米国の輸出入港に設置されたコンテナターミナルの中国製クレーンなどにスパイ用機材が埋め込まれていたと発表した。「米国の国家安全保障に甚大な危機であるとの報告をだした」と『ウォールストリート・ジャーナル』（二〇二四年三月八日電子版）が報道した。米国はクレーンを生産していない。

ブルームバーグの報道では、ロサンゼルス港湾事務局ジーン・セロカ局長は、「最近、米国では中国製クレーンがいわゆるスパイ兵器として使用されていると言われていますが？」との質問に対して、「中国製クレーン業者はデータを収集し、情報を調べている。ロサンゼルス港の企業の五三％が中国と貿易関係を持つが、データをどのように使用しているかが問題だ」と回答した。

コンテナターミナルの中国製クレーンなどにスパイ用機材が取り付けられていた　©Alamy／アフロ

バイデン大統領は二月二一日に「港湾クレーンに代わる新型港湾クレーンの米国内での生産、港湾警備に二〇〇億ドルを投資する」とした大統領令に署名した。米国の国家安全保障に対する潜在的な脅威を排除するためである。

ペンタゴンやNSAは中国の上海振華重工（ZPMC）製の貨物用クレーンを「トロイの木馬」であるとして警戒してきた。これに代わって三井グループがクレーン新型を生産する予定だ。米国が国内でクレーンを生産するのは三〇年ぶりとなる。

カリフォルニア州では〝カリフォルニア・ドリーム〟なる非現実的な夢を見て国境を越える不法移民が増大した。なかでも中国人移民はサンディエゴで五倍となった。

治安を悪化させ麻薬を蔓延させるのは中国マフィアだが、裏で中国共産党と繋がっている可能性が高い。そうなると中国の謀略ということになる。二〇二三年一二月に米国境警備隊員がカウントした中国人不法入国者は七五八一人、二〇二三年一年間だけでも中国人の不法入国者は六万四九七九人だった。中国人が祖国を捨てているのである。まして中国は強制送還に応じないため、これまで（親族が同意したケースのような）送還された中国人の不法移民はたったの二八八名（二〇二三年末統計）である。

カリフォルニア州、サンフランシスコのチャイナタウン

中国の経済悪化もさることながら、人権侵害や新型コロナウイルス感染症のロックダウンか

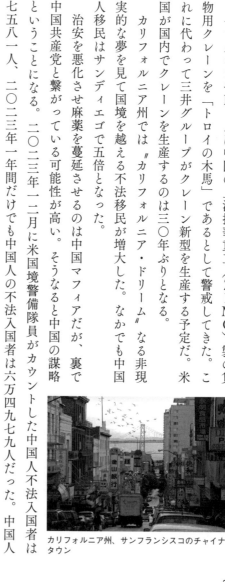

らの逃亡、若者たちの将来への絶望などが増加原因だろうと当局は推測している。

米国西海岸カリフォルニア州から東海岸のメイン州に至るまで、中国の組織犯罪が違法マリファナ取引の大半を支配している。中国マフィアは暴力、麻薬密売、マネーロンダリング、ギャンブル、贈収賄、文書詐欺、銀行詐欺、環境破壊、水や電気の窃盗などありとあらゆる犯罪に手を染めている。

オクラホマ州麻薬・危険ドラッグ局ドニー・アンダーソン局長は「中国の組織犯罪がオクラホマ州と米国でのマフィアを乗っ取っている」と語った。被害者の多くも不法移民の中国人なのだ。中国人移民の一部はメキシコ国境を越えて密入国したあと、柵や監視カメラ、銃やナタを持った警備員に囲まれた農場で、過酷な労働を強《し》いられている。人身売買グループは中国人移民の女性を強制的に売春させている。中国の秘密結社「三合会」に似た紋章を用い、中国の権力機構とは通じ合っているとの噂が絶えない。

オクラホマ州は違法大麻の最大の供給源となり、年間一八〇億ドルから四四〇億ドルの取引がある。外国マフィア、外国人犯罪グループの八〇%以上は中国系である。過去一〇年間で、中国マフィアが関連したフェンタニルを含む麻薬取引では中南米マフィアと強力な協力関係が構築されており、巨額の資金が、「世界で最も広範な地下銀行ネットワーク」に流れ込んだとオクラホマ当局は言う。

米国議員五〇名は連名で、ガーランド司法長官に書簡を送り、「中国共産党との潜在的繋がりを持つ者を含む」中国人が「全米で数千の違法マリファナ農場を運営していると伝えられている」と懸念を表明した。中国大使館報道官は「大麻業界における中国の組織犯罪に関連する詳細については承知していない」と知らぬ顔を決め込んだ。

この報道官は、中国は「人類共通の敵である麻薬に対して断固たる闘いを繰り広げている」といけしゃあしゃあと語った。

メリック・ガーランド司法長官

中国の若者の将来ヴィジョンは変わった

米国への中国人の不法移民はますます増えるだろう。

理由は若者のまともな就労先が中国国内になくなったからだ。中国の大学新卒は二〇二三年度が一〇五八万人だった。二〇二四年七月の卒業予定者は一一七九万人である。公式統計でも若者の失業率が二一・四％（二〇二三年六月）。実態はもっと深刻で五〇％を超えていると推定される。ならば就職氷河期を避けて大学院進学か、海外留学かという選択になる。二〇二三年一二月に行われた大学院入試の受験者数は四三八万人と空前の記録更新となった。

しかし大学院を出ても就労先はあるのか？

『中国最新情報』（二〇二四年三月三週号）によれば、典型例として清華大学の動向が報じられている。清華大学大学院卒業数は三二〇〇名、在学生は五二〇〇名もいる。大学院卒で出国率は八％。大卒の海外出国率は一二・八％。しかも米国の留学生ビザが厳格になったため帰国組（海亀族：海外留学から帰国した中国人）も急増した。

せっかく米国の大学や大学院を出ても、米国企業がスパイではないかと疑うので、入社条件が厳しくなったのだ。

中国の大学卒業生が遭遇した就職氷河期は、これからもっと深刻になる。「大学は出たけれど」、職はないうえに、故郷には帰れない。この絶望と将来への不安が、さらに社会全体を暗くするだろう。

そして絶望の挙げ句に中国を捨て、不法移民となって米国へ渡る。そこで待っているのはまっとうな人生なのか、それとも犯罪集団に欺されてしまうことになるのか。

中国が「右肩上がりの四〇年」と言われ、キラキラ輝いていた時代は終わった。中国経済の「右肩下がりの時代」が、これから二、三〇年は続きそうだ。

ところが、中国人の不法移民歓迎の風情《ふぜい》がカリフォルニア州にはある。

カリフォルニア州知事は同性婚を認めるギャビン・ニューサム。中国人スパイを二〇年秘書として雇用していたダイアン・ファインスタイン元上院議員、過激派で反トランプの代表だったペロシ元下院議長等々、カリフォルニア州は過激リベラル議員の巣窟《そうくつ》である。

あまつさえカリフォルニア州は不法移民にも米国国民と同様の住宅購入補助を受けられる「無利子の住宅ローンプログラム」法案を可決している。そのため、法を犯した人々に特典を与えることに反対する怒りの声があがった。

カリフォルニア州議会法案1840は現行法を改正し、不法移民が初めて住宅購入者に住宅の頭金として無利子融資を提供する「カリフォルニア・ドリーム・フォー・オール基金」

ナンシー・ペロシ元下院議長

（住宅価格の二〇％、ただし一五万ドル以下のローンを提供）の対象となることを認める。「住宅所有による社会的、経済的利益は誰もが享受できるべきであり、不法移民という理由だけでカリフォルニア・ドリーム・フォー・オール基金プログラムの恩恵から排除するのは間違っている」と主張したのが民主党議員団だった。

これに対し、共和党のブライアン・ダール州上院議員は、「これはカリフォルニア州民に対する侮辱だ。初めて住宅購入する人たちを支援することには賛成だが、合法的にこの州に来ている人たちを優先するべきだろう」と訴えた。

国家国境警備評議会のブランドン・ジャッド会長は、「不法移民のなかには中国共産主義政権に代わって米国に潜入するスパイである可能性がある」と注意を呼びかけた。

アメリカへの不法移民の数はバイデン政権の四年間で一二〇〇万人以上と推定されている。財政負担と治安悪化は大統領選挙の最大の争点だが、メキシコから陸路で国境を越える中国人は二〇二一年から二〇二三年にかけておよそ五〇倍に急増した。しかも「経済難民」が明らかなのに、「人権」を楯にして、彼らは「政治亡命」を希望する。まして在米中

ジョー・バイデン大統領

国人のボランティア組織が支援しているため、米国に密入国さえすれば、それで半ば目的を達成し、チャイナタウンに溶け込んでしまう。

偽造書類はお手のもの。隙を突いて潜り込む。こうして日本と同様にアメリカでも不法移民が静かに侵略を始めているのである。

TikTok禁止をめぐる攻防の舞台裏

二〇二四年三月七日、米下院エネルギー・商業委員会は「TikTokの米国内での利用を禁止する法案」を全会一致で可決した。

この委員会可決は最終決定ではなく、本会議で審議され、可決された。中国の親会社バイトダンスにとっては衝撃だろう。

下院本会議では三五二対六五で禁止法案が可決された。民主党五〇名に共和党の一五名が反対に回った。TikTokの利用者は全米で一億七〇〇〇万人以上。すでにモンタナ州では、利用禁止法が成立している。違反者には一万ドルの罰金が科せられる。TikTokのCEO

はすでに二度、議会証言に喚問されているが、ロビィストを雇用して議会工作を進めてきた。また議会にはＴｉｋＴｏｋ禁止法など「とんでもない」とする利用者から抗議の電話が集中した。

下院の「中国問題特別委員会」（ギャラガー委員長＝当時）ら超党派の議員団が「ＴｉｋＴｏｋの親会社＝北京字節跳動科技（バイトダンス）は共産党の管理下にあり、米国の安全保障にとって深刻な脅威だ」と指摘していた。

マイク・ギャラガー委員長（当時）

ＴｉｋＴｏｋは中国で六億人、インドでも一億二〇〇〇万人が利用している。日本でも二七〇〇万人がユーザーという統計があり、若者が熱中していることが分かる。

バイデン大統領は、「国家安全保障」の観点を重視してＴｉｋＴｏｋを禁止する超党派の法案支持を表明した。バイデンは大統領専用機に搭乗する前、記者団に「議会が法案を承認すればＴｉｋＴｏｋから米国人を保護する法案に署名する」と語った。法案で名前が挙がったのは中国、イラン、北朝鮮、ロシアだが、狙いは中国に本拠を置くバイトダンス。ＴｉｋＴｏｋはその傘下にある。

下院エネルギー・商業委員会のキャシー・マクモリス・ロジャース委員長（共和党、ワシントン州）は、「この法案はアメリカ人を標的にし、監視し、操作する中国共産党の取り組みを止めさせるため不可欠である」とし、「私たちはＴｉｋＴｏｋに明確な選択肢を与えました。中国共産党の影響下にある親会社と絶縁し、米国で事業を続けるか。それとも中国共産党側に立ち続けて禁止されるかです」とした。

いまさら禁止しても、巧妙に奥の手を発明し接続方法を編み出すだろうから「禁酒法」がアル・カポネを裨益《ひえき》させたような結果になるだろう。

ロイターの直後の世論調査では、アメリカ人の五八％がＴｉｋＴｏｋはなんらかの形で中国と繋がっている、と回答した。

下院の決議とは裏腹に民主党は選挙キャンペーンにＴｉｋＴｏｋを大々的に活用しており、バイデンの表明とは矛盾している。

一方、中国のネットでは一斉にＴｉｋＴｏｋ擁護論が沸騰し、「言論の自由を封殺する動きだ」と反対論を展開している。「言論の自由」のない国から言われる筋合いはないが、明らかに共

キャシー・マクモリス・ロジャース委員長

産党の指令を受けた「五毛幇」（一通五毛〈＝一〇円〉で党が指令するメッセージをひたすら送信するアルバイト集団）らがネットでネチズンを装って舞台裏で暗躍している。

ところがトランプはＴｉｋＴｏｋ規制に疑問符を投げかけた。「もしＴｉｋＴｏｋを禁止したらどうなる？　ザッカーバーグのフェイスブックが二倍になるだけじゃないか。フェイスブックも国民の敵である」。

ネット世論で左翼思想を蔓延させるフェイスブックも禁止させなければ意味はないというわけである。予備選で善戦した実業家のラマスワミらもトランプの意見に賛意を表明した。このトランプ前大統領の発言で「メタ」（フェイスブックの親会社）の株価が四・一八％も下がった。

他方、ＴｉｋＴｏｋの強力なロビィ「成長倶楽部」はこれまで大金を民主党へ献金してきたが、黒幕とされるジェフ・ヤスは共和党へも巨額の献金を始めた。ヤスは億万長者の実業家（純資産は二八五億ドル）で政治献金者としても有名な存在である。ヤスは「サスケハナ・インターナショナル」の共同創設者で初期のＴｉｋＴｏｋにも投資していた（サスケハナはペリー艦隊の旗艦だったフリゲート艦でペリーが乗船していた船名だ）。

『ウォール・ストリート・ジャーナル（三月一一日）』の「マーケットウォッチ」欄に次の逸話がさりげなく挿入されていた。

「スティーブ・バノンによればトランプ前大統領は、ジェフ・ヤスと面談したあとに『ＴｉｋＴｏｋ云々』の発言をしています。彼はヤスとは選挙資金の話はしなかったと言っていますが……」

舞台裏はかくも面妖だ！

中国は猛反発し、「自由経済の原則を踏みにじる暴挙。表現の自由を謳うアメリカの矛盾した行為だ」などと強く反駁《はんばく》しているのもおきまりの常套句《じょうとうく》。ＴｉｋＴｏｋの親会社バイトダンスに圧力をかけているのだが、米国企業へＴｉｋＴｏｋを売却する選択肢を全面的に否定したわけではない。

おりしもＵＳスチールの日本企業の買収をバイデン政権は反対しており、トランプも反対を表明している。これは米国内の通信、ネットの主権は外国企業には譲らないというナショナリズムを発散させて、選挙民へ訴えるキャンペーンの一環である。

ＴｉｋＴｏｋを「信頼できる米国企業」に売却すれば禁止しないという法案の付帯条件は、それならイーロン・マスクのＸ社が買えば、フェイスブックや「ジェミニ」のような左翼の政

スティーブ・バノン

治武器化を防ぐことにもなり一石二鳥になる。

タイミング良しとみたムニューシン前財務長官が早速、名乗りを上げた。「買収に意欲」を示し、「他の投資家とグループを結成する」と述べた。ムニューシンは、ゴールドマン・サックスの元幹部で、トランプ政権時代に財務長官として辣腕《らつわん》を振るった。退任後はファンドを創設していた。

またLAドジャースの前オーナーのフランク・マッコートも、TikTok買収に名乗りを挙げた。

スティーブ・ムニューシン前財務長官

ヨーロッパでは米国のハイテク大手に厳しい制限をかける措置が連続した。なにしろEU委員会という官僚機構は奇怪な法律をつくる集団である。

アップルはEU委員会から独禁法違反を問われ、二〇億ドルの罰金を科された。二〇二〇年四月から独禁法違反の捜査が始まり、六五回もの聴き取り調査の挙げ句、EU委員会のマサレト・ベストタガーが発表した。具体的には、スウェーデンの企業と音楽ストリーミングに関して争っていた。二〇二三年には、メタがデータプライバシー侵害として一三億ドルの罰金を科せられた。米企業側からすると、言いがかりである。

ブリュッセルのEU本部は、「新たな法的手段を用いて、最大手のテクノロジー企業の行動変容を強制することで、中小企業の活躍できるオンライン分野を創出するのだ」との大義名分を掲げた。EUの「デジタル市場法」はアップル、アマゾン、グーグル（親会社のアルファベット）そしてTikTok、メタ、マイクロソフトの六社が「やるべきこと、してはいけないこと」のリストを導入する。「私たちは、行動を変えることが目的である」とEU委員会は言う。専門筋は「大手ハイテク企業にこれらの新しい規則を遵守させるのは大変だろう」と先行きを見ている。

EU委員会は左翼、グローバリストの巣窟で、エリート顔して集まるところだ。ブリュッセルのEU本部はベルギー国民からは評判がたいそう悪い。何をしているかといえば、無駄な報告書を起草し、昼はワインで議論。結局は誰も読まないレトリックの長文の作文が得意である。それを議決するEU議会もダボス会議のように左翼に蝕まれている。フランスで、ワインを飲みながら革命を語るサロンに偽知識人が集まった。彼らは「サロンマルキスト」と呼ばれている。このEU委員会の「次の標的」はイーロン・マスクのXだという。

EUは罰金を巨額にして、メタ、アマゾン、マイクロソフト、グーグルなども「デジタル市場法」違反だとしている。そんな法律をいつつくったのだ。

この所為かどうか、フォーブス恒例の「世界大富豪500」ランキングで、イーロン・マスクは首位の座をジェフ・ベゾスに明け渡した。ベゾスの個人資産は二〇〇〇億ドル、マスクは一九八〇億ドル。ちなみに三位はフェンディ、ルイヴィトン、ディオール、ジバンシー、セリーヌなどLVMHのCEOのベルナル・アルノーだ。

ベルナル・アルノー

財閥の評価は所有株式の時価だから株式の乱高下があれば順位は入れ替わる。マスク率いるテスラ株は年初来、四月末までに三九％の下落を示している。嘗て財閥ランキングは持ち株より不動産の時価だったから西武の堤義明が世界一となったこともあった。ともかく大手ハイテク企業は、これまでの爆走にブレーキがかかった。

情報と宣伝を握れ

世界がこうまでも深甚な欺瞞と悪質なフェイク情報に溢れた由来は、近代のメディアの発達、その歴史の裏側に潜んだ謎を解明すると理解できるだろう。

世界を放浪したユダヤ人は欧州やロシアから大量にアメリカへ流れ込んだ。しかし新天地のアメリカでも冷遇され差別された。ユダヤ人の多くはクリーニングや雑貨、不動産、小口の金貸しなどで糊口《ここう》を凌いだが、ビジネスの感度はするどいものがあった。

彼らは子供たちを大学へ入れ、弁護士、医師、大学教授、そしてジャーナリストへの道を志向させる。鉄鋼、造船、化学プラントなどの国家の基幹産業にユダヤ人が食い入る余地はなかった。しかし次の産業が「情報」と「宣伝」にあることを彼らは予測した。

新聞、ラジオ、そして映画にユダヤ人は進出する。ラジオの全盛時代、大統領演説はラジオ放送でなされた。ルーズベルトやトルーマンは国民に対しラジオで訴えかけた。テレビが全盛を迎えるのはジョン・F・ケネディ以降である。一九六二年の大統領選挙でケネディとニクソンがテレビ討論で対決し、殆どの国民が釘付けとなった。

映画産業を立ち上げたのはユダヤ人だった。明るい家庭、キリスト教の精神、西部劇、そして「ナチス＝悪」「民主主義＝善」などを、映画を通して宣伝し、世界世論を主導してきたのだ。今日なお、ハリウッドは左翼一辺倒の思想に染まっている。

メディアの影響力はラジオからテレビへ移行した。大新聞の思想的影響力も侮《あなど》れない。ニューヨーク・タイムズとワシントン・ポストはユダヤ人経営であり、論調は常に民主党支持の左翼路線である。反対意見は少数部数の新聞（ニューヨーク・ポスト、ワシントン・タイムズ等）、週刊誌、ミニコミ誌、ニューズレターだったが、影響力には限界があった。

一九九〇年代後半、インターネットの普及により変調が始まった。

ネットで情報が発信されるようになったのだ。最初はブログ、メールマガジンだった。それがTikTok、インスタグラム、フェイスブック、そしてXにおける情報戦争となり、宣伝戦争の戦場が移行した。活字媒体、とりわけ書籍は売れなくなり、事典も年鑑も全集も売れ行き不振となった。グーグルなどで索引できるからである。

IT革命を担ったGAFAMもまたリベラルな経営者が殆どで、保守的な発言を排除するために「ヘイト」「反社」「陰謀論」などと因縁をつけて自由な言論を遮《さえぎ》り、禁止するという検閲

ワシントンポストの社屋（1948年当時）

を行うようになった。左翼的全体主義に米国のみならず日欧も陥没しているのである。

言論の自由を求める善人は孤立し、一方で悪党は徒党を組む。外交官でサウジアラビア大使を務めた岡崎久彦はこう表現している。

「鳩は群れる。鷹は群れず」

第二章

中国もロシアもワルだが、米国も相当な悪党である

モスクワのコンサートホール奇襲テロの背後にウクライナ?

まるでハマスのイスラエル奇襲と攻撃方法が似ていた。事前に警告が発せられていたが、軽視された点でも酷似している。在モスクワの米大使館は在留アメリカ人に「テロ情報があるので、外出を控え、とくに人の集まる場所へは行かないよう」警告していた。

二〇二三年一〇月七日にハマスはイスラエルの音楽祭会場を襲い多数の死傷者と二五〇名以上の人質を取った。イスラエルのガザ報復が始まり、惨劇は続いた。

不思議な共通点がある。

イスラエルのテロ事件では、世界一の諜報機関であるCIAとモサッドは事前の予兆を監視していなかったのか。

同様に、モスクワのテロ事件では、世界一の諜報工作を誇ったロシアのFSB（以前のKGB）は事前にテロリストの襲撃を把握できていなかったのか。

ロンドンにある「ドッシエル・センター」（プーチンの政敵ホドルコフスキーが主宰）は、

米国ばかりかロシアも事前の動きを掴んでいたと報じた。ロシアはテロの凶報を転用し、ウクライナへの総攻撃に出た。イスラエルはハマス殲滅《せんめつ》の軍事行動をとった。あまりに残酷なため、世界世論はアメリカを含めてパレスチナ支援となった。

モスクワのテロの悲劇を振り返ってみよう。

二〇二四年三月二二日、テロリスト集団のＩＳ－Ｋ（イスラム国ホラソン派）は、モスクワ西北郊外のクロッカスシティ・ホールを襲い、機関銃を乱射、一五〇名近い死者を出し、火災で建物は破壊された。ＩＳ－Ｋの襲撃犯四名は現場で逮捕され、七名が「ウクライナとの国境付近」で拘束されたとロシアが発表した。この「ウクライナ国境付近」とする意味はテロの背後にウクライナがあると示唆するためである。

ウクライナ政府はただちに否定し、「ＩＳ－Ｋとは関係がないし、そもそも厳戒態勢の国境に向かって犯人たちが逃亡を企てるわけがない。プーチンのテレビ演説は事件から二〇時間もあとである。ＩＳ－Ｋは中央アジアが拠点である」とした。ＩＳはシリアを拠点に

モスクワ郊外コンサート会場銃乱射事件。火災によって崩落したクロッカス・シティ・ホール

アサド体制打倒を叫んで武装闘争を繰り返したが、ロシアがアサドを擁護して戦ったためシリアから撤退し各地に散った。このうちのタジキスタン人主体のセクトがアフガニスタンに陣取り「ＩＳ－Ｋ」を名乗っていた。

襲撃されたクロッカスシティ・ホールはコンサート会場だ。隣には五〇〇〇人収容の劇場、数万収容のスタジアムが立ち並ぶ一大アミューズメント・コンプレックスで、アゼルバイジャンの大金持ちが建てた。二〇一三年の「ミス・ユニバース大会」もここで開催された。主催者は誰あろう、ドナルド・トランプだった。

プーチンはウクライナとの関連を示唆したが証拠は何もない。ＩＳ－Ｋはシリア、イラクを拠点にアサド体制に戦いを挑み、一時はシリアの半分近くを占領していた。ロシア、イラン、トルコによって撤退を余儀なくされたＩＳ－Ｋは、ロシアとイランとトルコを敵視し、捲《けん》土《ど》重《ちょう》来《らい》を期して、格好の避難場所として選んだのが無法地帯のアフガニスタンだった。反政府組織タリバンと連携し、秘密基地をアフガニスタンに構築した。アフガニスタン首都のカブールの教育施設襲撃は二〇二〇年五月

2013年ミス・ユニバース大会でのドナルド・トランプ　©ロイター／アフロ

の自爆テロで二四名が死に、一一月にはカブール大学でイランに関するイベントが開催されたとき、ＩＳ－Ｋが襲撃し、教師と学生二二名が犠牲になった。カブール大学では二〇一八年にも同様のテロが起こり大学は警戒を強めていた。

いずれも米国撤退前のテロで、米国傀儡《かいらい》のガニ政権（当時）への反乱である。タリバンは関連を否定していた。

二〇二四年一月三日、イランのケルマンで開催されていたイラン革命防衛隊のソレイマニ司令官（二〇二〇年一月三日、イラクで米軍のドローン攻撃により殺害）の追悼会にＩＳ－Ｋは自爆テロを敢行し、八四名の死者と二八七名の負傷者をだした。一九七九年のイラン・イスラム革命以来、最大の惨事となった。

シリア内戦で、タジキスタンからシリア、イラクへ這入り込んで戦ったのは二〇〇〇名と言われた。ＩＳの構成員でタジク人部隊は大派閥だった。タジキスタンはラフモン独裁にあってイスラム教国（スンニ派）でありながら、学校ではイスラム教を禁止している。それゆえにイスラム過激派が扇動するプロパガンダに、簡単に、その教条主義に染まるのである。

カセム・ソレイマニ司令官

世界大戦の戦時下、マルクスが禁止されていたがゆえに、多くの青年がマルクスを密かに読み合ってマルクスに心酔していったように、また一九六〇年代から七〇年代にかけて、多くの日本の若者がアジビラ一枚で全共闘だとか、ノンセクトラジカルに染まったように。

それにしても、なぜタジキスタンなのか？ 中央アジア五カ国のなかで、ウズベキスタン、カザフスタン、キルギス、トルクメニスタンはチュルク系民族である。タジキスタンだけはペルシア系で言語はダリ語。文字はキリル文字を採用している。

あまりに貧困なため、多くの国民が出稼ぎに出る。モスクワにはタジクタウンがあり、ここがＩＳ－Ｋのリクルート・センターと言

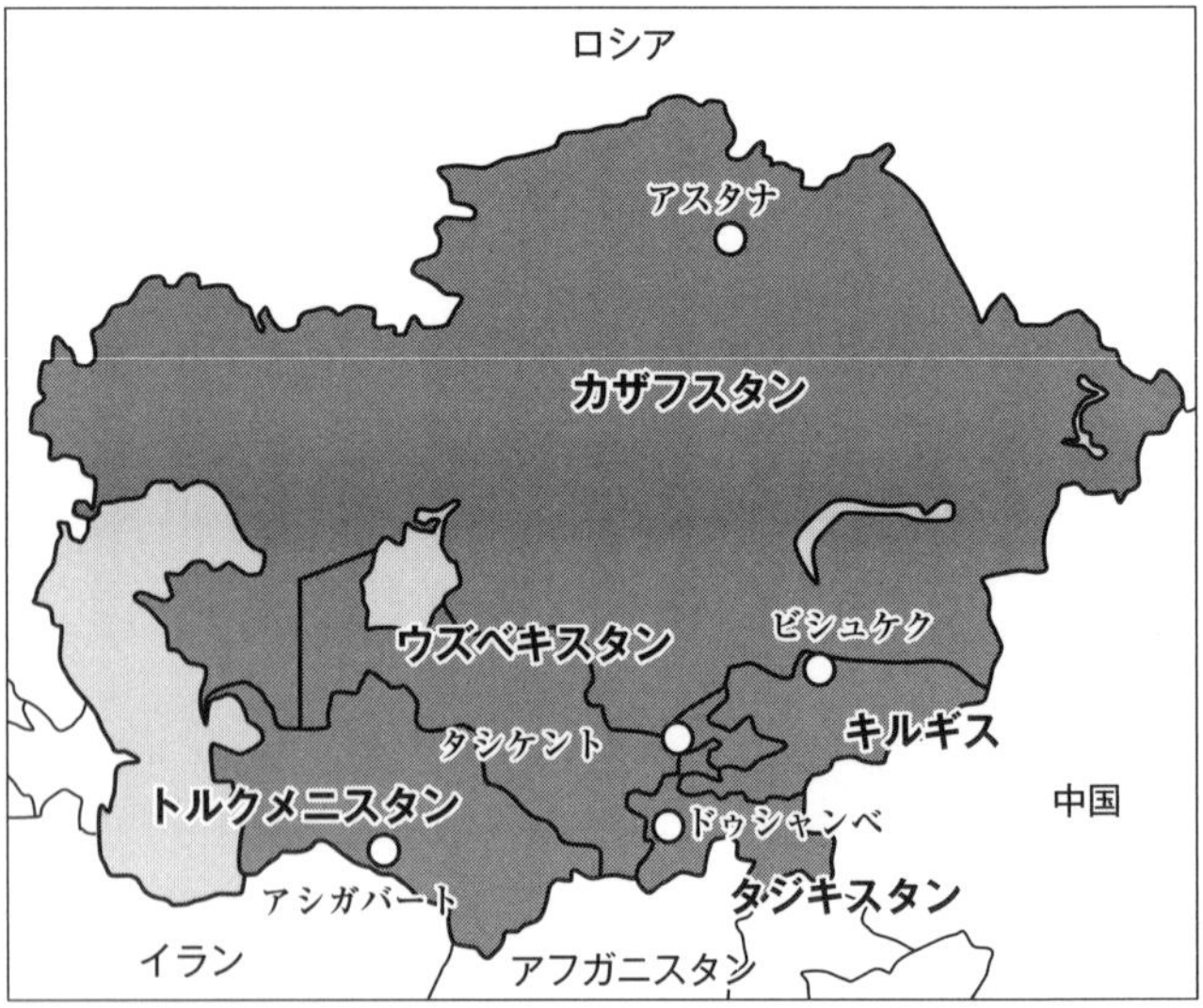

中央アジア五カ国

われた。ＩＳ－Ｋは秘密基地をアフガニスタンに構築し、兵士募集は金銭で行い、その支払いはビットコインではないかと言われる。ロシアは、その胴元がウクライナであると睨んでいる。

紀元前、タジキスタンの民族はアーリア系スキタイだった。その後、アケメナス朝ペルシアに帰属し、中世ではブハラカーンの一員だった。ロシアがブハラカーンを保護国としたためソ連邦に吸収された。一九九一年の独立以後三五年間もラフモン大統領の独裁が続いている。一九九二～九三年の内戦では五万人が死亡したとされた。

一人あたりのＧＤＰは三五〇ドル以下と世界最貧。国民の構成は、タジク人が八四％、ウズベク人が一四％。いったん捨てられたロシア語は出稼ぎ先の国が殆どロシア語を使用しているため重視されているが、それでいて反ロシア感情が強い。ＩＳ－Ｋがタジク人部隊だったことはウクライナ戦争を展開中のプーチンにとって、別の衝撃をもたらしたはずである。

二〇二四年には欧州でサッカー世界大会、パリで五輪、その他、大集会やイベントが開催される。

ＩＳ－Ｋの次のテロの標的となる危険性が高まり、最大の

エモマリ・ラフモン大統領

警戒態勢に入った。

中国の治安当局は、「ガザで刺激を受け、イランとロシアで大規模なテロを実行したＩＳ－Ｋに触発され、南アジアでも、多くの潜在テロ分子を覚醒させた」とし、とくに東トルキスタン独立運動をテロリストと位置づけてきたが、一層の警戒を強めている。

ＩＳ－Ｋはイラン、ロシアの他、パキスタンにおける中国人襲撃はバロチスタン独立運動との連携の可能性もあり、またトルコで二〇二三年一一月に起きたイスタンブールの繁華街イスティクラル通りでのテロ（六名が爆死、八一名が重軽傷）の実行犯がＩＳ－Ｋの可能性があるとしてトルコの治安当局は捜索を続けてきた。

とくにトルコは日常、クルド過激派のテロを警戒しており、二〇二三年六月からこれまでに二九〇〇名の容疑者を拘束している。三月二六日にもテロリストのアジト疑惑三〇カ所を一斉に手入れし、一四七名を拘束した。

というのもロシアのテロ実行犯のうち、二人が直前にイスタンブールからモスクワへ飛んだことが判明したからだ。

パキスタンはＩＳ－Ｋのアジト構築を「黙認」したタリバンを激しく批判しており、タリバン政権が結果的にテロを助長する不作為の所為であるとする。パキスタン北東部のデスダムや南西部のグアダール港プロジェクトは、たびたびのテロ襲撃で中国人エンジニアが多数殺害されており、プロジェクトそのものが暗礁に乗り上げている。

中国ハッカー部隊のすべてを米国は把握している

米国が世界一の諜報大国であることは周知の事実だろう。けれども具体的な実像は殆ど知られていない。

世間一般の日本人が聞いたこともない、情報世界の用語がある。

「シギント」だ。

パソコンで「シギント」と入力したら「詩吟と」と出た。「えっ？『シギント』って何？」

従来、世界で繰り広げられた諜報戦争の主役たちは「ヒューミント」、「エリント」と呼ばれるものだった。諜報の取得方法として、電子機器を駆使し、収集・分析したのがエリント。これを現代的に編成変えしたのがシギントとみてよい。

私がソ連ＫＧＢ工作員だったスタニスラフ・レフチェンコの米議会証言録を翻訳したのは

一九八〇年代である。その後、拙著『ソ連スパイの手口』『ソ連の没落』など連続刊行した。当時、スパイ用語に「シギント」という言葉はなかった。ハッキングやマルウエア、ウイルス等の語彙《ごい》もなかった。諜報世界の用語は新しくなったのだ。

往時、スパイ小説と言えばジョン・ル・カレ、ブライアン・フリーマントル、マイケル・バー＝ゾウハー、フレデリック・フォーサイスらが大活躍で、日本の探偵小説にもこれら国際スパイものの亜流作家が輩出したものだった。

ジョン・ル・カレ

もっともＩＴ革命は一九九〇年代後半からで、インターネットの登場は一九九五年だ。

それまでの諜報活動は、古今東西重視されてきた人間が中心であり、他に電話盗聴、暗号解読が諜報活動の主な任務だった。ライターにカメラを内蔵したり、相手を無自覚のうちに宣伝戦争にのせて「影響力のある代理人」に仕立て上げたりするのが当時のソ連工作員の任務だった。「ヒューミント」とは、人間のなす諜報工作だ。スパイの養成、教育から人員の配置、その業績評価、二重スパイのチェックなども含まれる。

一九八〇年代半ばだったか、日本のメディア関係者と米国大使館の政治分析担当官との飲み会があった。ちょうど日本は総選挙前で、集まった仲間たちが分析予測を展開した。あとで結果をみると、米国大使館側の予測（各党の獲得議席数など）が、殆どあたっており、日本の「政治評論家」の予測より精度が高かった。日頃の諜報活動の成果だろう。

現在の諜報世界には「シギント」（信号諜報）、「イミント」（画像諜報）、「マシント」（計測特徴諜報）と専門化され、それぞれがスペシャリストの世界となった。ＡＩ（人工知能）が格段の進歩を遂げ、写真をスマホでも送信できるようになったのだから、諜報活動の形態、そのスピード、その使用機器や方法が変わるのは当然の流れである。

日本は安保三文書でセキュリティ分野に踏み込んだなどと得意がっても「口先だけ」であり、人員も予算も不足している。加えて日本は、気象衛星、観測衛星、通信衛星を保有していても、スパイ衛星はない。中国は米国に迫る衛星大国である。

英国が「ファイブ・アイズの仲間に日本も入れてやろうか」と近づいてきても、適応できるインフラが日本にはない。中国の報道官が「眼が五つあろうが一〇個あろうが、潰してやる」とヤクザまがいの発言をしたときは、ぞっとするより嗤《わら》った。

北朝鮮がミサイルを発射した場合でも、米軍からの情報と韓国の確認があって、そこで日本は初めて知る程度だから、反撃能力どころか、敵情報の入手も周回遅れである。まして最近の巡航ミサイルは、飛翔の途中で標的を変えることができるシロモノだ。

「シギント」とは、敵の電話盗聴、ハッキング、通信情報を相手の了解を得ずに傍受し、蓄積し分析する「盗聴機関のようなもの」（茂田忠良・江崎道朗 著『シギント　最強のインテリジェンス』、ワニブックス）。

「マシント」は計測・特徴課報のことで、ペンタゴンのDIP（国防課報庁）が担当しているが「相手国の対象物が出す種々の放射線、化学物質、電磁波、光、音など、とにかく発するものの全部が把握の対象で、その把握した特徴からインテリジェンスを取る」（前掲書）。

ハタと思いあたったのはコソボでの筆者の体験である。

コソボにはユーゴスラビアが泥沼の内戦に陥ったとき、欧米がセルビア空爆で介入し、無理矢理セルビアから取り上げ、実力も陣容も揃っていないのにコソボを「独立国家」とした。通貨はいきなりユーロ、守備はNATO軍がしている。つまりNATOが庇護する欧米占領国家であり、情報基地でもある。中国、ロシア、トルコなどはコソボの独立を認めていないから国際政治的にいえば「未承認国家」の一つだ。

『シギント　最強のインテリジェンス』茂田忠良　江崎道朗（ワニブックス）

コソボの首都プリシュティナで、宿泊したホテルの近くを歩いていると、バリケードで封鎖されている道路で検問をしていた。「なぜ？」と尋ねると、その道路奥に米国大使館があるからという。「できたてほやほや国家」ゆえに、コソボに日本大使館はなく、ウィーンの日本大使館が代行していた。日本は二〇〇八年にコソボを承認したが、大使館の開設は二〇一〇年であり、大使は駐ウィーン大使が兼任していた。

さて翌朝、午前四時半頃だったか、日本人女性の部屋に米兵と警察が踏み込んで、女性を連行した。ガイドがウィーンの日本大使館に電話するなどして彼女は三時間ほどあとに釈放された。

なぜこんなことが起きたのか？

この女性は夜明けの写真を撮ろうと望遠レンズを構え、ベランダでカシャカシャやっていたらしい。たまたま日の出の方角に米大使館があった。

まさにマシントとは「対象物が出す種々の放射線、化学物質、電磁波、光、音など、とにかく発するもの全部が把握の対象」だ。米国大使館は二四時間の警戒態勢にあったので、かすかなシャッター音と光を見逃さなかったのである。そこで日本の女性カメラマンがテロリストと間違えられたということだ。

シギントの元締めは米国ＣＳＳ（中央安全保障サービス）で米軍各軍のシギント組織の指導

調整機構である。CSSトップはNSA（国家安全保障局）の長官が兼務している。

　このNSA内部にTAOがある。この組織「TAO」は「世界最強のハッカー部隊」で正式には「Tailored Access Operations」だ。

　つまり相手国の厳重にガードされたコンピュータ・システムに侵入し、機密情報を入手する。このTAOの存在が漏洩したのはエドワード・スノーデンによる暴露だった。二〇一三年にCIA工作員だったスノーデンは米国の諜報機関の全貌と傍受したデータなどを香港で英国メディアに漏洩した。利敵行為である。

　米軍はさかんに「中国のハッカー部隊は米国の五〇倍規模だ」（レイFBI長官）と言い、西側の政府、大企業ならびに有力政治家のスマホまで盗聴し、大企業にハッカーをかけて身代金を要求するアルバイトにも関わり、たいへんな西側

CSSの紋章。右上から時計回りに陸軍情報保全コマンド、合衆国海兵隊、海軍保安部、合衆国沿岸警備隊、空軍情報・監視・偵察局のそれぞれの紋章が並び、中央にNSAの紋章がある

エドワード・スノーデン

の脅威だと喧伝《けんでん》している。そのためにファーウェイの携帯電話を公務員と軍人が使うことを禁じ、またTikTok禁止に動いているのだが、じつは米国が最も強力なハッカー軍団を抱えていたのである。

聞き慣れない用語があと二つある。

「CNE（コンピュータ・ネットワーク・エクスプロイティション）」とは、ハッキングのことである。エクスプロイティトは「開拓する」という意味がある。

米NSCは、中国が行っているすべてのCNE作戦に『ビザンチン・ヘデス』という暗号名をつけ、その解明と対策にあたっている。

中国のCNE作戦は一二のグループで行われているのだが、そのすべてを米国は把握しているのだ。半世紀後には『ヴェノナ文書』に次いで「ビザンチン・ヘデス文書」となって公開される日があるかも知れない。『ヴェノナ文書』とは、米英の情報機関が、一九四〇〜一九四四年のソ連の暗号を解読したもので、一九九五年のアメリカの情報公開法によって公開されたものである。

トランプ再選をあの手この手で妨害する悪い奴ら

米国の情報機関は敵を見張るばかりか国内でもハイテク用具、設備を駆使し政敵を追い落とす。それゆえ世の中には陰謀論が溢れることとなった。陰謀を実際に企《たくら》む個人や団体、集団があるとすれば、それを阻む勢力もあるはずで、それを防御できないとすれば、陰謀団は目に見えない、とてつもない機密に基づいた、未曾有の手法を行使して秘密工作を進めていることになる。

『カナダ人ニュース』の主催者・やまたつ著『日本人が知らない陰謀論の裏側』（徳間書店）はバイデン陣営の悪を追求した問題作である。二〇二〇年の大統領選挙でトランプがバイデンに「してやられた」のは不正投票という大がかりな仕掛けによるが、カギは郵便投票にあった。この秘密兵器が効力を発揮した。

『日本人が知らない「陰謀論」の裏側』やまたつ（徳間書店）

「二〇一九年秋からトランプ降ろしのため、（民主主義をなのる左翼）活動家や大企業のトップたちが暗躍していた。（中略）メタのザッカーバーグはSTCLやSE

ＩＲと呼ばれる団体に四・一九億ドルもの大金を投じ、激戦州の郵送投票の推進や違法なドロップボックス（郵送投票用の投票箱）の大量設置などに使われました」

なるほど、ＴｉｋＴｏｋ禁止の動きにトランプが「ＴｉｋＴｏｋを禁止したらメタが二倍になる」と攻撃した伏線はここにあるのだ。

ビル・ゲイツ、ロックフェラー、フォード財団も総額一六億ドルを、妖しげな「Arabella Advisors」に寄付し、この「ダークマネー」を民主党に集中させるというスキームをつくった。口実は「民主主義のために」だった。

いわゆるスイングステーツ（激戦州）は前回二〇二〇年大統領選挙の場合、アリゾナ、ウィスコンシン、ジョージアの三州だった。アリゾナにおけるバイデンとトランプの票差は一万四五七票、ウィスコンシン＝二万六八二票、ジョージア＝一万一七七九票。じつに〇・〇一四三％の差でバイデンが辛勝した。これが「彼らの仕組み」、換言すれば〝陰謀〟ということになる。陰謀というより悪智恵に長《た》けた悪だくみがうまくいったことになる。

昨今、全米でなされている情報操作は、徹底的にトランプへのネガティブ報道である。

ピューリサーチの分析では、トランプ報道にポジティブ報道はたったの五％、ネガティブ報道は六二％である。悪者の印象を与えるのである。一方でメディアの民主党候補は善、共和党は悪か、馬鹿扱いで印象操作されている。まあ、この点は日本も同じ。大手メディアが与党議員を褒めた試しはない。野党議員は悪さをしてもベタ記事で誤魔化すし、テレビは七五日も過ぎれば、また平気でその議員を出演させている。

そのうえでトランプ資金枯渇作戦が講じられた。民主党の極左集団は司法を武器に、悪質な嫌がらせを展開している。これによりトランプは「武器化された司法を振りかざした徹底弾圧を受けている」（前掲書）のは周知の事実だが、四件の刑事訴訟と二件の民事訴訟が起こされている。しかし嘗てマイク・タイソン（ボクシング・チャンピオン）の応援団長だったトランプは、心が折れるどころか、「選挙妨害」だと言明し、民主党の悪だくみに挑んでいるから「逆効果」になった。

第一の刑事訴訟は「ポルノ女優口止め料問題」だ。口止めはアメリカでは違法ではない。争点は口止め料を「ビジネス経費」とした経理改竄《かいざん》だというイチャモンである。担当の検察官は「ソロス・チャイルド」と呼ばれる極左で、左翼の法律専門家さえ「州法と連邦法を混ぜ合わせた法律を〝創り出した〟」と批判している。

第二の裁判は「機密文書持ち出し」だが、これも「バイデンは惚《ぼ》けているから」と起訴猶予処分としてしまった以上、左翼側の訴訟の意味は薄い。そもそも、歴代大統領ばかりかヒラリー・

クリントン元国務長官に至っては「最重要機密情報がプライベートサーバーで見つかり、証拠の携帯電話をトンカチで木っ葉微塵《こっぱみじん》にしていますが、FBIから『極めて軽率だが、犯罪性はない』とわけの分からない言葉でまもられています」（前掲書）。

第三の起訴は「一月六日議事堂暴動事件」だが、これは左翼陣営にとって不都合な展開となっており、最高裁が大統領の免責特権を審理するとなると民主党の敗北になる。

第四はジョージア州の「ゴミのような裁判」。しかも検察官は札付きの極左だが、不倫疑惑で『ワシントン・ポスト』さえ批判している。あまつさえこの不倫検察官はバイデンを訪問し、レターを受け取ったことも判明している。不倫は取り立てて問題とはならないが、ジョージア州弁護士法違反となる。

コロラド州のトランプの予備選への「立候補資格剥奪」なる出鱈目な提訴は最高裁が常識的判断を示してお終《しま》い。

残りは「ニューヨークの民事訴訟」である。トランプの会社経理にメスを入れ脱税として、罰金を、それも天文学的金額（四億六〇〇〇万ドル）を提示した。上訴するための「保釈金」集めにトランプ陣営は四苦八苦状態となって一〇〇万人の献金を呼びかけた。

とどのつまり、民主党の陰謀がトランプをワルだと最初から規定し、考えられる限りの浅智恵で選挙活動を妨害しているのだ。しかしフェイク情報がネットに飛び交うようになってからというもの、アメリカ人の情報に対する信頼度は薄らぎ、いまや六八％の国民は大手メディアの報道を信用していないという傾向もはっきりとでてきている。

ロバート・ケネディ・ジュニア（ケネディ大統領の甥。以下、RKJ）は「バイデンのほうがドナルド・トランプよりも『民主主義に対する岩』であり、大きな脅威である」と主張した。そしてRKJが副大統領候補に選んだのはニコール・シャナハン女史で、セルゲイ・ブリン（「グーグル」共同創設者）の前夫人。イーロン・マスクとの不倫沙《ざ》汰《た》もマスコミ種になったことがあるが、本業は特許弁護士である。弁護士稼業のなかでも最も難しい領域であり、最先端の分野だ。顧客はシリコンバレーに集う。

セルゲイ・ブリンは名前からしてロシア系のユダヤ人である。スタンフォード大学理学博士。在学中に知り合ったラリー・ペイジとグーグルを創設した。

ロバート・ケネディ・ジュニア

ニコール・シャナハン女史と元夫セルゲイ・ブリン
（「グーグル」共同創設者）　©REX／アフロ

二〇一九年にアルファベットの社長を退任し、二〇二三年にはシャナハンと離婚している。

ラリー・ペイジは母親がユダヤ人。グーグルの共同設立者だが、親会社アルファベットの経営が安定したとして退任し、現在は孤島に住んでいる変わり者だ。アルファベットはインド系のピチャイがCEOとなった。

ニコール・シャナハンは中国系の母親とアイルランド系の父親を持つ。子供の自閉症に悩み、ワクチンの異常に気がついてRKJの主張に同調するようになり、政治献金もしてきた。つまりRKJのランニングメートもまたワクチン懐疑派である。

ケネディは、バイデンを「政治的言論や対立候補を検閲するために連邦機関を利用した史上初の大統領だ」と揶揄《やゆ》したが、トランプのように「稀な間抜け」とは言わなかった。

バイデン政権のもとで、米国は猛烈なインフレに襲われた。二〇一九年との比較で小売価

ラリー・ペイジ

スンダー・ピチャイ

格の上昇率でパンが一四％の値上がり、シリアルは三四％、冷凍食品は三七～四三％、卵が六三％、スポーツ飲料が八〇％、砂糖は五三％の値上がりといった具合だ。

ＲＫＪに当選の可能性はないが、二〇二四年四月時点でも八～一二％という脅威の支持を集めている。しかもＲＫＪに流れる票の九〇％は民主党系だからバイデンの惨敗は必至の情勢である。

モスクワの次の標的は米国か

「モスクワの悲劇、次は米国の何処《どこ》かが標的となるだろう」とマルコ・ルビオ上院議員（フロリダ州選出）はＡＢＣテレビの「ジス・ウィーク」（三月二四日）に出演して吠えた。

「メキシコ国境から不法移民の波に紛れ込んで、米国内にテロリストが潜入した可能性がある。不法移民無策により昨年だけでも九〇〇万人が米国に這入り込んだのだ」

マルコ・ルビオ

ルビオ議員は共和党内タカ派、トランプ候補の有力な副大統領候補としても名前が取り沙汰された人物だ。

二〇二一年八月に米軍はアフガニスタンを去った。あまりに無様な撤退に多くの非難があった。しかも多くの最新兵器は、それまで供与してきた米傀儡のガニ政権の「正規軍」を経て、タリバンに渡ったと考えられる。

アフガニスタン政府軍はたちまち蒸発したのだ。給与をあてにした雑兵が殆どだった。米軍基地などに残した大量の兵器・弾薬や武装ヘリコプターなどは破壊して撤退したというのが米軍の公式見解だが、ガニ大統領なんぞは真っ先に逃亡してしまった。

米国務省にあって撤退の指揮をとったのはジョン・バス（現国務次官。ヌーランド退任後、国務次官の職域も代行）。シラキース大学卒、クリントン政権下で国務副長官だったタルボットの首席補佐官を務めた人物だ。ネオコン人脈であって、ひょっとしてヌーランドより悪質かもしれない。グルジア大使（二〇〇九～二〇一二）のときはサアカシビリ大統領（当時）が仕掛けたオセチアとの戦争で、ロシアとの対決を煽り、結果的にはしごを外した。

アシュラフ・ガニ大統領

サアカシビリはウクライナへ逃げた。トルコ大使時代はエルドアン追放の軍事クーデター側に立ったためエルドアン大統領から追放され、コソボ独立ではシナリオを描いた。

とくに問題なのは、ジョン・バスのトルコ大使時代だ。

二〇一六年七月、軍事クーデター未遂事件では、背後にアメリカがいたと大半のトルコ人は信じている。なぜならクーデターを扇動したとされるギュラン師は米国亡命中であり、トルコ軍の動きをエルドアンの静養先に通報し、危機を救ったのはロシアだった。

通信網を傍受しているアメリカはエルドアンに動きを知らせなかった。オバマ大統領（当時）はエルドアン政権の転覆が好ましいと考えていた。エルドアン大統領はジョン・バス大使を「好ましからざる外交官」と非難した。ジョン・バスはトルコを去った。以後、アメリカとトルコの関係はドナルド・トランプの登場により友好関係が戻った。

二〇一七年から二〇二〇年、ジョン・バスはアフガニス

ジョン・パス国務次官

レジェップ・タイイップ・エルドアン大統領

タン大使となった。これはトランプ政権下の指名である。アフガニスタンの戦争の泥沼化はジョン・バスにも相当の責任がある。

ネオコンの女闘士＝ヌーランドはホワイトハウスや党内からも評判が悪かったため、シャーマン副長官退任後の副長官代行だったが結局、バイデンは彼女を副長官に指名せず、カート・キャンベルにポストを回した。このときジョン・バスの副長官昇格の噂もあったが、流れた。指名公聴会で承認を得られない可能性があったからだ。

いまなお、タリバンに戦いを挑むのはパンジシール渓谷に盤踞《ばんきょ》する「北部同盟」くらいである。他の地域も山賊、蕃族に近い少数派武装集団が群雄割拠している。「北部同盟」は嘗ての英雄マスードの息子とサーレハ前副大統領がリーダーで、「民族抵抗戦線」と改称した。

バス在任中にアフガニスタンへの支援金の不正流用が問題となった。米政府「アフガニスタン復興担当特別監察官」（SIGAR）事務所はタリバン暫定政権の関係者らがNGOを設立し、米国の教育援助資金から不正に利益を得ているという報告書を公表した。米国は二〇二一年八月のタリバン復権以降、学校設立や給食、教材の提供などに、約一億八五〇〇万ドル（約

ビクトリア・ヌーランド前国務次官（政治担当）

二七七億円）を投じていた。この行為がワルに利用されていたことになる。ルビオ議員は「だからＩＳ－Ｋは安心してアフガニスタンに這入り込み、拠点を再構築したのだ」と続けた。シリアとイラクを追われたＩＳ－Ｋはアフガニスタンに基地を確保した。タリバンは結果的に黙認したことになり、この拠点からアフガニスタンばかりか、イランとロシアの攻撃目標へ出動した。

モスクワ襲撃に話を戻すと、米国の諜報機関はテロリストが音楽ホールを標的としていることまでちゃんと把握し、クレムリンに事前通告していたことが判明している。

なにしろ宣伝下手が日本の弱点

近代史の真実は戦後の歴史学者の分析や歴史教科書の記述とは異なり、結局、日本は毛沢東の謀略にしてやられたと言える。

中国共産党が巧妙に仕掛けた謀略に日本が巻き込まれたのが日支事変だ（左翼歴史学者は、これを「日中戦争」と言う）。ウブで善意に満ちた日本は世界のワルに欺されてしまった。それも一九三七年に謀略が集中している。

「日本は国際法を尊重して、歴史の事実を重視する国です。しかし中国では国際法や歴史は、政治の武器にすぎません。日本侵略者説を徹底論破、中国の真っ赤な嘘を暴く必要がある」とジェイソン・モーガン（麗澤大学准教授）は指摘する。

中国共産党は、日本を巻き込んで、対戦せざるを得なくなる蔣介石国民党軍を疲弊させた。当時のシナを統治していたのは国民党主導の「中華民国」である。中国共産党の狙いは、戦争を長引かせ、泥沼化させることにあった。それによって日本軍を疲弊させる。国民党が疲労困《こん》憊《ぱい》、士気が弛緩した隙を狙って中国共産党が天下を取る。これが毛沢東戦略である。徹頭徹尾、悪の論理で貫かれているのだ。

現在の中国共産党は、当時「正規軍」だった中華民国軍を「偽軍」と書く。中国各地の歴史記念館は彼らの政治宣伝の場だから、中国共産党を正統だと位置づけ、蔣介石軍を偽軍としている。なるほど分かりやすい歴史改竄《かいざん》だ。

蔣介石軍たるや、度重なる猟奇的虐殺事件を起こし、休戦協定を平然と破り、そのうえで欧米の協力を得た南京大虐殺などのプロパガンダ戦を展開した。その背後に毛沢東のしたたかな謀略があった。しかもそのバックにはアメリカがいた。

一九三七年に何が起こったか？
七月七日、盧溝橋事件（劉少奇《りゅうしょうき》らが日本軍に発砲し、戦端の糸口を仕掛けた）
七月二九日、通州事件（在留日本人数百を惨殺し、日本を怒らせることを狙った）
八月一三日、上海事変（無差別殺戮し、日本は防戦。日本の世論は激怒）
一二月一〇日、南京事件（国民党軍が逃げ去り、南京市民は日本軍入城を歓迎した）

これら一連の謀略によって日本は戦線を拡大させてしまった。ほくそ笑んだのは毛沢東だった。

茂木弘道著『日中戦争 真逆の真相』（ハート出版）は、日本が激怒したのは「通州事件」であると指摘する。日本人多数が虐殺され、日本のメディアが大きく報道した。「暴支膺懲《ぼうしようちょう》」の特大文字が紙面を飾った。ところが、日本政府はと言えば、船津和平案を策定する始末。これは、満州事変以後、日本が北支で得た権益の殆どを放棄しようという和平案だった。

日本人の「善意」はワルの前にころりと欺された。

まさか一九四九年に毛沢東が天安門で人民共和国なる独裁国家を構築するとは！

日本の無作為と愚昧《ぐまい》な外交と宣伝下手が結果的に、こ

『日中戦争 真逆の真相』茂木弘道（ハート出版）

の独裁国家成立に手を貸したのだ。日本の致命的欠陥は宣伝下手である。

アメリカ人ジャーナリスト、フレデリック・ウィリアムズの『中国の戦争宣伝の内幕』（田中秀雄訳、芙蓉書房出版）にはこう書かれている。

「世界はこれら（中国）の非道行為を知らない。もし他の国でこういうことが起きればそのニュースは世界中に広まったその空恐ろしさに縮みあがるだろう。しかし日本人は宣伝が下手である。商業や戦争において西洋諸国のような方法を取ることに熟達していたとしても、日本人は自らの敵が世界で最強のプロパガンダ勢力であるにもかかわらず、宣伝を無視するだろう」

（いまでも世界中に建立されている慰安婦像建立という彼らの陰謀に無為無策だ）

「満州で無辜《むこ》の日本人たちを虐殺した正にその中国兵たちが、捕虜になったときは日本軍によって給養され、『罪を憎んで人を憎まず』のサムライ精神によって、『もうあいうことはしてはいけない。さあ行け』と説かれていたのである。日本軍の将官は虐殺の罪を無知な兵隊に帰するのではなく、南京の軍閥やモスクワ、無知な耳に叩きこまれた反日宣伝のせいだとしたのである」

極めて重要な百年前の書籍の復刻版がでた。J・W・ロバートソン・スコット著、ルイ・ラマカース画、和中光次・現代語訳、大高未貴・解説『是でも武士か』(ハート出版)である。

原書は一〇〇年前、米国の反ドイツという世論に決定的な影響を与えた宣伝文書で、原題は『The Ignoble Warrior(卑劣な戦士)』、邦訳は分かりやすく「それでも武士か、おぬしは!」という意味を持たせた。

『是でも武士か』J・W・ロバートソン・スコット著、ルイ・ラマカース画、和中光次・現代語訳、大高未貴・解説(ハート出版)

このプロパガンダはベルギーにおけるドイツ兵の蛮行《ばんこう》を、さもあったかのように描写したもので、じつは英国が日本において自国の批判が起きないように仕向けるという戦略的配慮からばらまかれた。

たとえば、「痛ましい状態の屍体が山のように積まれており、独軍の一兵士は一人の赤ん坊を連れてきた、その頂に載せ、子供の両足を屍体の間に挟み、その陰惨な光景を写真に撮影した」、「独兵等が青年と少女をその親の目の前で射殺し、その後、ふたりを裸にして一緒に縛り付け、藁に包んで火を放った」

この本がなぜ重要なのか、それは政治宣伝の巧妙さを象徴する典型モデルであり、プロパガンダこそが情報戦に日本が勝つための格好の反面教師だからだ。当時、陸軍三部尾本部嘱託だった池田徳真（徳川慶喜の孫）は「この一冊で私のドイツ観は歪められてしまった」と述べたほどの宣伝効果を上げた。

赤ちゃんを銃剣で串刺しにした等の悪質な宣伝は戦後、中国系作家アイリス・チャンの著書『ザ・レイプ・オブ・南京』に転用されて、モデル版として「残虐なドイツ兵」が「日本兵」と入れ替わった。そして、捕虜虐殺や731部隊、性奴隷などが〃発明〃された。『The Ignoble Warrior』の原書を最初に匿名を条件に翻訳したのが柳田国男だった。

『The Ignoble Warrior』は戦時中、日本の宣伝機関のテキストとなった。政治的プロパガンダとはこうやるのだという見本である。

アイリス・チャンの『ザ・レイプ・オブ・南京』は、「日本軍は占領地で略奪し、女を襲い、赤ん坊を放り上げては笑いながら銃剣でさしていた」などと見てきたような嘘を並べた。往時、アジア各地の空港書店で、この出鱈目日本のペンギンブックス版が山のように積まれている風景を私は不快な気持ちで眺めた。このような国際的な反日プロパガンダ謀略は、中国ばかりか、米国が便乗し、英国が支援していたことが分かる。

ジャーナリストの髙山正之は『週刊新潮』でこう批判した。

「それはみな聞いたことがある。第一次大戦さなか、ベルギーを占領した独軍は民家まで襲い、暴虐の限りを尽くした。将来の抵抗勢力になる子供たちは銃が持てないよう、その手首を切り落とされた。産院も襲われ、看護婦は犯され、保育器の赤ん坊は放り上げて銃剣で刺した。」ところが戦後、「資産家が手首のない子供たちを引き取ろうと探したが、見つからなかった」。

アーサー・ポンソンビー著『戦時の嘘』は「戦時下の報道を検証したら犯された看護婦も殺された赤ん坊もいなかった」と指摘した。

こうしたフェイク情報、捏造《ねつぞう》記事には、米広報委員会（CPI）が関与した。ウィルソン大統領がつくった組織であり、嘘放送の発信で戦況を有利に導き、国民を戦争に誤導した。現代世界でSNS空間に飛び交うフェイク情報の走りかも知れない。東京裁判では聞いたことない嘘が、GHQによって後追いで語られ、反日のメディアが報じた。目的は日本人が残虐だったというふうにねじ曲げて「二発の原爆も正義の鉄槌だった」とされたのだ。東京裁判史観に執拗に上塗りされたといえる。

それでも飽き足らず、中国がまったく興味のなかった「南京大虐殺」なるものをでっち上げた。最初は二万人の虐殺死体がごろごろしていたと『朝日新聞』に書かせたが、それじゃ原爆の死者と勘定が合わないので死者の数を一〇倍にした。

江沢民《こうたくみん》は日本の援助を狙って、さらに南京の虐殺人数を三〇万人に嵩《かさ》上げし、南京にある出鱈目記念館を改装し、学生や軍の必見見学ポイントに指定した。

なるほど善意は常に悪意によって敗れるのである。

江沢民

第三章

欧米は第三次世界大戦をやらかすのか？
疲れを待つのが中国

軍事戦略を知り抜き『孫子』の研究を極めた日本人は吉田松陰だった

吉田松陰には世の中のワルを見抜く炯々《けいけい》たる眼力があった。

世界に賢き人は多いが、クレバーとワイズの二種のタイプがある。欧米や中国の「賢さ」は上に「ズル」か「ワル」が付く。日本人と異なって「ズル賢い」か「ワル賢い」のである。クレバー（聡明）な人は発言してもメディアが取り上げない。

アメリカにも日本にも真の意味での言論の自由は希薄である。

とくに日本は国際政治の表舞台にありながら情報戦争で蚊帳《かや》の外に置かれている。先進七カ国の重要なメンバーと煽《おだ》てられてはいるが、裏情報を貰えないのに財布だけあてにされ、「ウクライナ復興会議」とやらを東京で開催させられた。まさに「アメリカのATM」だ。

日本のカネだけをあてにされた。ところが協力したク

吉田松陰

ウェート戦争では一三五億ドルも召し上げられたのに感謝広告から除外された。挙げ句、欧米の尻ぬぐい（掃海）までやらされた。

勝手にワルたちは戦争を始め、人権を叫びながら実際には戦火をまき散らし、人々をどん底に陥れた。ワルたちはその責任を他に押しつけて平然としている。

能登の災害復旧を後回しにして遠い国の、それも日本とは無縁の人たちがやらかしたウクライナ戦争の荒廃の後片付けをなぜやらされるのか？　それもこれも日本にはまともな軍事力がないからである。インドは核兵器を保有しているから外交はフリーハンドである。外交力とは情報と軍事力に裏打ちされているのだ。

自民党の派閥解消を聞いて、日本の政治家は政治の本質を理解していないことに唖然となった。二流、三流の政治家が集まる日本の国会では綺麗事だけがまかり通る。派閥はまつりごとのダイナミズムをつくりだす原動力、源泉である。それを自ら解体するのだから日本の政治は星雲状態となるだろう。すると欣喜《きんき》雀躍《じゃくやく》するのは中国である。日本国内では中国の「代理人」たちがせせら笑っている。

（日本人って何処まで間抜けなのか）と。

孫子は「謀《ぼう》を伐《う》ち、交を伐つ」（＝敵の戦略を見抜き、敵戦力を内訌《ないこう》させ、可能なら敵の一部を取り込め。それが戦争の上策である。闘わずして勝てる）と言った。

いまの日本に必要なのは「悪《ワル》の論理」の教科書でもある『孫子』を再検証し、学習し直すことではないだろうか。日本が真似る必要はない。ただし相手の戦術・戦略という、日本人の発想にはない考え方を理解しておく必要があるということである。

孫子の著者とされる孫武の像。
鳥取県湯梨浜町の燕趙園に立つ

高杉晋作も久坂玄瑞《くさかげんすい》も、松下村塾で吉田松陰の孫子の講義を受けた。松陰亡き後の門下生だった乃木希典《のぎまれすけ》は、師の残した『孫子評註』の私家版を自費出版し、脚注もつけて明治天皇に内奏したほど松陰に心酔した。世にいう松陰の代表作はその辞世とともに有名な『講孟余話』と『留魂録』とされ、すっぽりと『孫子評註』は忘れ去られた。これは江戸時代の孫子研究の集大成である（『吉田松陰全集』第五巻に収録）。松陰は山鹿素行《やまがそこう》を師と仰ぐ兵法家から出発している。毛利長州藩の軍事担当だったのである。

もとより江戸の官学は儒学の一分野の朱子学だが、新井白石も山鹿素行も荻生徂徠も山崎闇斎も、幕末の佐久間象山も西郷隆盛も『孫子』を読んだ。しかし江戸時代の二百数十年、太平の眠りにあったため、武士は『孫子』を読んでも、その合理的で非情な戦法に馴染めなかった。謀（はかりごと）優先という戦闘方式は日本人の美意識とあまりに乖離《かいり》が大きい。多くの日本人は楠木正成《くすのきまさしげ》の忠誠、赤穂浪士らの忠義に感動したが、『孫子』を座右の書とはしなかったのだ。

これが「日本の常識は世界の非常識」と言われる基礎的疾患になった。世界の現実は「謀《はかりごと》」の世界だ。綺麗事の表舞台しか見ない日本人からみれば、パワーゲームの現場の悪どさが理解できない。

明治以後、西洋の学問として地政学が日本に這入り込み、クラウゼウィッツを森鷗外が初訳した。戦後を含めてマキャベリ、マハン、スパイクマンらの地政学が愛読されたが、誤読された。吉田松陰の兵法書はいつしか古書店からも消えた。戦前の指導者にとっては必読文献だったにもかかわらず。

吉田松陰が基本テキストとしたのは魏の曹操が編纂した『魏武註孫子』だ。考証学の大家と言われた清の孫星衍《そんえいせん》編集の平津館叢書版を用いた。そのうえで兵学の師、山鹿素行の『孫子諺義』を参考にしている。もともと『孫子』は木簡、竹簡に書かれ原文は散逸し、多くの逸文があるが、魏の曹操がまとめたものが現代までのテキストとなった。

孫子はモラルを軽視、あるいは無視した謀略の指南書かといえば、そうではない。「天」と「道」を説き、「地」「将」「法」を説く。

孫子には道徳倫理と権謀術策との絶妙な力学関係で成り立っている。戦争にあたり天候、とくに陰陽、寒暖差、時期が重要とするのが「天」である。「地」は遠交近攻の基本、地形の剣《けん》呑《のん》、道は平坦か崖道か、戦域は広いか狭いかという地理的条件の考察である。戦場の選択、相手の軍事拠点の位置、その地勢的な特徴などである。

「将」は言うまでもなく将軍の器量、資質、素養、リーダーシップである。「法」とは軍の編成と将官の職能、そして管理、管轄、運営のノウハウである。「道」はモラル、倫理のことだが、孫子は具体的に「道」を論じなかった。日本の兵学者は、この「道」に重点を置いた。このポイントが孫子と日本の兵学書との顕著な相違点である。

「兵は詭道《きどう》なり」と孫子は説いた。

従来の通説では「卑怯でも構わないから奇襲、欺し、脅し、攪乱、陽動作戦などで敵を欺き、欺して闘う（不正な）行為」だと強調されてきた。江戸の知性と言われた荻生徂徠《おぎゅうそらい》は「敵の理解を超える奇抜さ、法則には則らない千変万化の戦い方」だと解釈した。

吉田松陰は正しき道にこだわり、倫理を重んじたために最終的には武士として正しいやり方をなすべきとしてはいるが、それでいて「敵に勝って強を増す」という孫子のやり方を兵法の奥義と評価しているのである。「兵隊の食糧、敵の兵器を奪い、そのうえで敵戦力の兵士を用いれば敵の総合力を減殺させるばかりか、疲弊させ、味方は強さを増せる」ゆえに最高の戦闘方法だとし、これなら持久戦にも耐えうるとした。江戸幕府を倒した戊辰戦争はまさにそういう展開だった。

「孫子曰く。凡そ兵を用いるの法は、国を全うするを上と為し、国を破るは之れに次ぐ。軍を全うするを上と為し、軍を破るは之れに次ぐ。旅を全うすると上と為し、旅を破るは之れに次ぐ。卒を全うするを上と為し、卒を破るは之に次ぐ。伍を全うするを上と為し、伍を破るは之れに次ぐ」

つまり謀を以て敵を破るのが上策、軍事作戦での勝利は中策、直接の軍事衝突や凄惨な犠牲を伴う戦闘は下策だと言っている。

この基本に沿って中国は台湾に戦争を仕掛けているのである。

台湾統一を上策、中策、下策のシミュレーションで考えてみる

「台湾有事は日本有事」だと安部晋三元首相は言い残した。

孫子の末裔たちの国を戦後このかた八〇年近く支配する中国共産党の台湾統一戦略を、上策・中策・下策で推測してみよう。

「上策」とは武力行使をしないで、台湾を降伏させることである。なにしろ「世界最先端の半導体メーカー＝ＴＳＭＣをそのまま呑みこむのだ」と中国の「ワル賢い」指導層が豪語し、メディアやＳＮＳを駆使し、威圧、心理的圧力を用いている。

台湾議会（立法院）は二〇二四年一月の選挙で親中派の国民党が多数派となり、議長は統一論を説く韓国瑜《かんこくゆ》（元高雄市長）となった。台湾政治も総統は独立派、議会は統一派が多数というねじれである。中国の思う壺である。

悪質な政治宣伝と情報戦で、その手段がＳＮＳに溢れる

安倍晋三

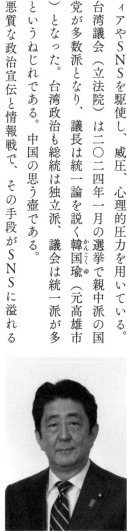

フェイク情報、また台湾のメディアを駆使した情報操作作戦だ。台湾には中国共産党の代理人がごろごろ、中国の情報工作員は掃いて捨てるほどウヨウヨしている。軍のなかにも中国のスパイが這入り込んで、重要な軍事機密を北京へ流している。

「軍事占領されるくらいなら降伏しよう」という台湾の政治家はいないが、「話し合いによる〝平和統一〟がよい」とする意見が台湾の世論では目立つ。危険な兆候だ。平和的統一の次に何が起きたか？　南モンゴル、ウイグル、チベット、そして現在の香港の悲劇をみよ。

中策は武力的威嚇《いかく》から局地的な武力行使である。台湾政治を揺さぶり、気がつけば統一派が多いという状態を固定化し、軍を進めても抵抗が少なく、容易に台湾を呑み込める作戦だ。その示威行動が、台湾海峡への軍艦派遣や海上封鎖の演習、領空の偵察活動などで台湾人の心理を麻痺させること。また台湾産農作物を輸入禁止するなどの経済戦争も手段として駆使している。すでに金門島では廈門《アモイ》と橋をかけるプロジェクトが本格化した。

「中策」としては金門島の占領あたりまで進む可能性がある。にもかかわらず二〇二四年四月一日に、中国入りした馬英九《ばえいきゅう》・元台湾総統は、学生団を率いて九日間、中国各地を親善訪問。出発にあたって台湾では「馬英九は売国奴」「中国に利用されるイデオット」などのプラカードを掲げ反対する人たちが空港近くなどで抗議行動を展開した。

「下策」は実際の中台戦争である。この場合、アメリカのハイテク武器供与が拡大するだろうし、国際世論が中国批判の声を上げると、ロシアの孤立化のような状況となる。また台湾軍は練度が高く、一方で人民解放軍は士気が低いから、中国は苦戦し、泥沼の長期戦となる。

中国へのサプライチェーンはばっさり寸断され、また台湾とは海峡を隔てているため、兵站《へいたん》が脆弱《ぜいじゃく》になる。長期戦となると、中国軍に勝ち目はない。だからこそ習近平は強がりばかりを放言し、実際には何もしない「言うだけ番長」だ。「プーさん」の他に習近平のニックネームには「包子」（肉まんじゅう）とか「習徳拉」がある。「習」はシ、「徳」はティ、「拉」はラーと発音するから「シティラー」。つまりヒトラーである。

軍に進撃を命じたら、司令官が「クーデターのチャンス」とばかり牙をむくかも知れない。「進め」と命じて司令官が真っ先に逃げるケースもある。習近平は軍を掌握していないから、自分の軍隊に裏切られるかも知れないという不安がある。戦闘が「下策」であることは明瞭だ。多大な犠牲を懼れずに戦争に打って出る選択肢だから、孫子を学んだはずの中国の指導者が決断するだろうか？

実際、「中台戦争を嗾《けしか》けるのはアメリカであり、その罠に

習近平

中国が陥ることはない」と崔天凱《さいてんがい》・元駐米大使は指摘している。

「中国がアメリカの仕掛ける罠に落ちて自ら台湾へ戦争を仕掛けたりはしない。アメリカの狙いは（ウクライナを使ってロシアを疲弊させているような）〝代理戦争〟である」と中国の元駐米大使、崔天凱が国際会議で発言しているのだ（二〇二四年一月二五日、アジア・スポットライト会議）。

崔大使は「中国の外交政策上、最優先事項はアメリカとの関係である。またアメリカが中国を含むアジア太平洋諸国の利益を考慮することを望んでいるのであり、（台湾侵攻などと）中国人が中国人を殺害するような状況は見たくない」と語った。

さはさりながら崔大使は「台湾総統選挙なんぞは『中国の一地方選挙だ』」と傲慢に言い放った。投票による民意の反映という民主主義の否定である。同大使は中国政府が「中国領土の一部」としている台湾について、「必要に応じて武力で本土の支配下に置くシナリオ」にも言及し、「我々は何らかのかたちで『統一』

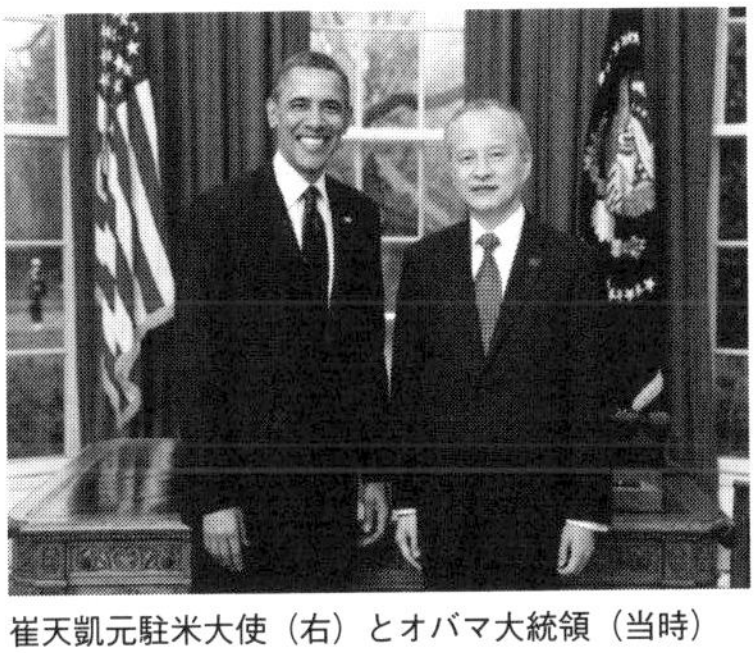
崔天凱元駐米大使（右）とオバマ大統領（当時）

崔天凱・元駐米大使

を達成するが、中華民族全体の国益に最も適した方法で行う」と付け加えた。

中国共産党の言い分は「もし台湾が独立を目指すとすれば、武力侵攻も辞せず」と強硬な姿勢を崩さず、連日に亘って台湾海峡に偵察機、スパイ気球を飛ばし、領海には軍艦を派遣しての武威を繰り返してきた。

一方で、渡米した習近平は「台湾は中米間の最大の緊張原因の一つであり、米中（中美）関係において『最も危険な問題』である」と二〇二三年一一月にサンフランシスコで開催されたAPECに便乗した「米中首脳会談」でバイデン大統領に語っている。この米中首脳会談で、習主席は米国に対して「台湾への武器売却の停止」を要求した。米国は直後に台湾へ三億ドルの武器売却を承認した。

崔大使の言い分によれば、「誰が軍事援助を提供し、代理戦争用の武器を供給し、中国人が中国人を殺害することを準備しているのか。私たちはそのような罠には陥らない」と述べたのは、中国人が重視してきた孫子の兵法に従っている。

こんな国を相手にまだ「日中友好」なる幻影《げんえい》を信じ、「中国を敵視したり、中国の軍事力の脅威《きょうい》を言い張《は》る必要はない」などと主張するのが、日本の新聞とテレビである。

『孫子』の謀略を進める中国の罠

『孫子』は以下に陣形、地勢、用兵、戦闘方法などを細かく述べ、最終章が「用間（スパイ編）」である。敵を知らず己を知らざれば百戦すべて危うし」と孫子は言った。スパイには五種あるとして孫子は言う。

「故に間を用うるに五有り。因間有り。内間有り。反間有り。死間有り。生間有り。五間倶《とも》に起こりて、其の道を知ること莫《な》し、是を神紀と謂う。人君の宝なり」

「因間」は敵の民間人を使う。「内間」は敵の官吏。「反間」は二重スパイだ。「死間」は本物に見せかけた偽情報で敵を欺し、そのためには死をいとわない。「生間」は敵地に潜伏し、その国民になりすまし「草」となって大事な情報をもたらす。

いまの日本の政財官界とメディアには中国のスパイがごまんと蠢《うごめ》いている。

直截に中国礼賛《らいさん》する手合いは減ったが、間接的に中国の利益に繋《つな》がる言動を展開する財界人、言論人、とくに大手メディアの「中国代理人たち」はたくさんいるが、ここで逐一、名前をあげる必要もないだろう。

中国の台湾を呑みこむ戦略で、直接の武力対決は「下策」であり、「上策」は静かに台湾を洗脳し、無償で呑み込むことだ。世界一の半導体技術を持つＴＳＭＣやエヌビディアをあんぐりと呑み込むのである。

「中策」が現在展開中の議会工作、世論誘導、サイバー攻撃、工作員の浸透とメディア支配による台湾人の洗脳にある。この意味でも崔発言の本音は「和平」を装って台湾の指導者を誤断に導くことにある。

崔元駐米大使の発言の裏に潜むのは「中国の罠」だ。次期米国大統領にトランプがなることはほぼ確実だが、中国からの輸入品に六〇％の関税をかけるという威嚇《いかく》は交渉の武器である。中国はトランプの再登場を期待しているわけではないが、トランプシフトに傾いていることは確かである。現にバイデンはトランプ案に上乗せして一〇〇％と言い出した。

米中関係の緊張を解こうとばかり、二〇二四年四月にイエレン財務長官が訪中した。

とくに注目すべきは、ＥＶが象徴する「脱炭素、環境保護」という大義名分を楯として急展開、異常な膨張を遂げた、いわゆる「クリーンエネルギー」ビジネスについてだ。

中国のクリーンエネルギー製品が過剰生産になっているため、世界経済に攪乱をもたらしたとするのが米国の言い分である。米中関係の安定化を目的としているが、中国の「クリーンエネルギー製品の過剰生産、政府補助金の不公平」に関しての詰めを行った。ここで言う「クリーンエネルギー製品」とはＥＶ（電気自動車）、バッテリー、太陽光パネル、半導体その他のことだ。

中国の過剰生産という現状は、多くの企業に損失を与えた。

米国だけではなくメキシコ、欧州、日本を含む他の多くの国が、これらの産業に対する中国の大規模投資の圧力を感じている。

トランプは中国製品に六〇％の関税をかけ、メキシコで生産される中国車の輸入には一〇〇％の関税をかけるとした。テスラはこの所為かどうか、メキシコ工場の建設を延期し、インドでの新工場建設を発表した。

かくしてアメリカの対応は目に見えて強硬になった。孔子学院を閉鎖し、「千人計画」に拘わってきたアメリカ人と中国の工作員を割り出した。さらに、技術を盗む産業スパイの取り締まりを強化した。

しかしスパイ防止法のない「普通の国」ではない日本には、何も為《な》す術《すべ》がない。すこしは「悪」に染まれ、日本！

第四章
日本人の大きな大きな勘違い。世界を動かすのは「仁」でも「信」でも「徳」でもなく軍事力と情報力だ

日本の仮想敵は中国、ロシアばかりでなく、アメリカだって潜在的な敵である

世界の常識とは自国以外はすべて潜在的な敵、もしくはライバルである。「同盟」なるものは便宜的な、一時的な絆でしかない。

冷静にバランスオブパワー理論に基づくなら、日米の主要敵は中国なのだから、その背後にあるロシアを味方にするのが「上策」、少なくとも中立化させるのが「中策」。ところがロシアをして中国に異常接近させてしまったのだからバイデン政権は「下策」を自ら選択したほど愚昧《ぐまい》なのである。

トランプ前大統領がバイデン大統領を「稀な間抜け」と言ったのはそういう戦略的判定からである。トランプも『孫子』の愛読者ではないかと思われる理由は、プーチンを尊敬し、ロシアとは仲直りをすべきだと唱えているからだ。中国を孤立させる外交戦略を考慮しているのだ。

トランプは直近の『タイム』（二〇二四年五月二七日号）でも、NATOが防衛分担を増やさないなら、アメリカは欧州を守らないと脅しをかけた。西側同盟に根源的な疑義を呈した。

「台湾を守るかどうかは最後まで曖昧にする」とも言った。それも交渉ごとでは基本のルールだろう。であれば、アメリカは日本を守るのか、どうか？

日本は軍事力を持たないのに（自衛隊は制約が夥《おびただ》しく手足を自由に使えない。世界の常識で言うところの軍事力ではない）、「主権国家」だと言い張っている。国内に外国の軍隊が駐留しているのに「独立国家」だと主張している。国際政治の基礎がねじ曲がっている現実を正面から見ようとしない。

憲法改正が難しい状況なら安保条約の改定という目標がある。不平等きわまりない「法律」や「協約」「協定」「条約」にがんじがらめになっている。日本は平和憲法という名の占領基本法をまだ墨守《ぼくしゅ》している。押しつけたアメリカの当事者が「まだあんなのを使っているのか？」と驚いたという。

学生たちが騒いだ「六〇年アンポ」とは岸信介が政治生命をかけて不平等きわまりない日米安保条約の内容を、一歩、二歩と独立国家にするために、平等な内容に近づけた。それでも日本国内に米軍基地があり、たとえば米大統領が来日するときは羽田空港ではなく厚木基地に降り立つ。米軍基地に

岸信介

日本の主権は及ばない。つまり米軍の日本占領は続いているのである。この安保条約の改定を唱えてきたが自民党内ですら議論されないのである。

日米両国は次期戦闘機に搭載するＡＩ（人工知能）、ならびに次世代ドローン技術の研究開発で共同研究の開始に合意した。

憲法に抵触するが、そのことには触れないし、メディアの一部をのぞいて、野党も左翼団体も騒がなくなった。多少は世界の現実が理解できるようになったからか。日米の「ＡＩ共同研究」の目的は「最先端の人工知能と機械学習を高度な無人航空機と融合させることで空挺戦闘に革命を起こす」と米空軍はプレスリリースで明言している。

「共同研究で開発されるＡＩは、日本の次期戦闘機と並行して運用される無人航空機への応用が期待される。日米同盟の〝技術的優位性〟の維持に有益である」と日本政府は言う。

また日本は二〇三五年までに英国、イタリアと次世代戦闘機を共同開発すると発表した。このニュースは米国を怒らせるはずだが、取り立てての抗議もなかった。ということは裏で何らかの密約があるに違いない。日本政府は新型戦闘機の開発で米国の防衛企業との協力を模索していた。米国の情報機密保持に関する厳しい規則のため、他のパートナーを探すことにした。

Ｆ２戦闘機の後継機開発を英国とイタリアとで行い、後者はユーロファイターの後継機を目指す。この日欧の戦闘機開発計画は、日本と米国以外の国との初の共同防衛装備開発協定となる。日本国憲法に照らせば堂々たる憲法違反、超法規的措置だが誰も異論を唱えない。それだけ中国の軍事的脅威への対応を日本政府および日本国民の多くが必要と認識し始めたからである。

政治というのは非情であり、情緒が這入り込むとまともな政治にはなりにくい。政治とはそもそも命がけの仕事なのだ。国家百年の大計を立案し、その理想に一歩一歩邁進していくのが本物の政治家である。そして政治家は暗殺を懼れない。決して怯懦《きょうだ》にはならない。

政敵の排除には暗殺、謀略による失脚や、フェイクに基づく裁判で有罪とすることなど多彩だ。その典型例をずらり並べて見せてくれるのがロシア。まさに悪の論理を地で行く鏡のような存在である。

ナワリヌイ死亡を米国は暗殺と断定し、ウクライナは「血栓」と確認した

「世界のワル」の代表の一人はウラジーミル・プーチン大統領だ。

得票率八七％という圧倒的支持で、次の六年も国家元首としてプーチンが治めるロシアでは、政敵の暗殺・排除・追放は日常茶飯《さはん》。バイデンはプーチンを「人殺し」と罵り、「あのくそ野郎」とまで発言した。外交儀礼から言えば礼節を欠いた失言、非常識である。

パネッタ元国防長官は「プーチン氏を絶対に信用してはいけない」と二〇二四年三月三日の『毎日新聞』のインタビューで答えた。

よく言うよと思った人も多いだろう。米国の歴代国防長官もロシアの政治家と同様に嘘つきばかりだ。「大量破壊兵器がある」というフェイク情報をばらまいてイラクに侵攻し、NATOの身勝手な論理でコソボを独立させるためセルビア空爆……。結局は米国軍事産業の代理業務を遂行してきた。

それはともかくプーチン批判の急先鋒だったナワリヌイが急死し、米国はすぐに「暗殺」と断定した（その後、修正し「プーチンは暗殺命令を出していない」とした）。どのような情報の傍受があったのか、あるいはロシアに潜り込んだCIA工作員からの情報なのか？

『ニューヨーク・タイムズ』（二〇二三年二月二五日付け）が次の機密作戦を報道した。

ウラジーミル・プーチン大統領

「米国諜報機関がウクライナの政策決定に大きな役割を演じてきた。ハイテクで指揮統制できるスパイセンターをウクライナ国内に設立し、資金提供もしている」。

同紙がこのような機密に属する情報を報じたという意味は、ホワイトハウスが情報を統制できていないということでもある。ウクライナのスパイセンター構築プログラムはオバマ、トランプ、バイデンの三代の政権に引き継がれ、ウクライナ諜報機関を近代化するというCIAプログラムにより、過去一〇年でクレムリンに対するワシントンの最も重要な諜報パートナーとなっていた。

CIAは二〇一四年、マイダン革命（ヤヌコビッチ大統領を謀略で追放した）の直後から秘密裏にウクライナ諜報員を訓練し、装備を整え、ロシア国境沿いに一二の秘密基地ネットワークを構築した。諜報基地では、ロシアの司令系統の通信を傍受し、あるいは妨害し、ロシアの偵察衛星を監視することができる。加えてドローンやミサイル攻撃の発射指令やその距離、また発射後の追跡に使用されてきた。

実際にウクライナ国内諜報機関SBUの元長官イワン・バカノフは、「CIAと彼らが訓練したエリート特殊部隊がなければ、ウクライナがロシアに抵抗することはなかっただろう」と述べている。

秘密スパイ基地はロシアの偵察衛星を追跡し、ロシア軍司令官間の会話を盗聴している。この地下壕基地はロシアの侵攻によって破壊された司令部の代わりに建設された。ウクライナ軍の秘密中枢であり、米国が全額の資金を提供、装備はＣＩＡによって賄われていた。

エリート特殊部隊（２２４５部隊）もＣＩＡが特訓した。ＣＩＡはモスクワの暗号化システムを解読できるようにロシアのドローンや通信機器を捕獲した。そして、「金魚作戦」（作戦暗号名）のプログラムの一環として、ヨーロッパの都市でエリート特殊部隊の訓練を行い、ウクライナ人がロシアの軍事ネットワークにハッキングできるまでに育成している。こうした信頼関係は二〇一五年にウクライナ陸軍の諜報機関長だったヴァレリー・コンドラチョフ将軍が、キエフ（キーウ）の米国大使館にウクライナ側の機密書類を持ちこんだことが切っ掛けになったとウクライナ有力紙『キーウ・ポスト』（二〇二四年二月二六日）が書いた。

しかしなぜこのタイミングで、バイデン政権の宣伝紙である『ニューヨーク・タイムズ』が機密を暴露したのか？　政治的な意図があるはずだ。

ウクライナＳＢＵ元長官ナリヴァイチェンコは「ＳＢＵとＣＩＡの協力関係は一〇年前から続いていた」と認めたうえで『キーウ・ポスト』の独占インタビューに応じ、次の事実を語っている。ＳＢＵ長官退任後、国会議員となった彼は、あけすけにＣＩＡとの関係を認めた。

「第一段階はCIAと信頼関係を高めることにあり、とくにSBUに巣くっていた裏切り者、もぐら、その他の親ロシア派を組織内で根絶する必要がありました。九〇%以上を解雇しました。ともかく内部のロシア工作員を一掃しなければ、CIA、MI6、BND（ドイツの情報機関）などとの信頼を築くことは不可能でした。二〇一四年三月、当時のジョン・ケリー国務長官、ビクトリア・ヌーランド次官補らがキーウを訪問したときに、『アメリカのパートナーと何を計画しているのか、達成したい目標は何か、そしてウクライナの国内安全保障にとってCIAやFBIと協力することがいかに重要か』等を話しあったのです」

ナワリヌイ暗殺説をまっさきに流したのが米国だったことはすでに述べた。リンゼイ・グラハム上院議員（全米議員のなかでウクライナ支援組の最右翼）などは「暗殺は明らか、ロシアをテロリスト国家とバイデン政権は指定すべきだ」としていたし、バイデンも「新しい制裁」を発表したばかりだった。

ところが死因は血栓とされ、ウクライナの情報責任者が「確認できた」と公言した。これは米ウクライナ間の情報すり合わせができていないこと、齟齬《そご》を露呈したことになる。

暗殺だとしてバイデン政権の見解を否定したのが、CIA

アレクセイ・ナワリヌイ

が育てたウクライナ情報機関だから、米国はウクライナ情報機関によって顔に泥を塗られたことになる。

ウクライナのHUR長官のキリロ・ブダニフは「皆さんを失望させるかも知れないが、ナワリヌイ氏の死亡原因は血栓だった。確認がとれた」と言ったのだ。

また米独と露との間で人質交換交渉が進んでいて、ナワリヌイはドイツで拘留中のロシアFSB要員のバディム・クラショフと相互釈放（つまり人質の交換？）で話はまとまっていたとも語った。バディム・クラフョフはドイツ国内でチェチェンの反乱の指導者暗殺に関与したとされ、ドイツに拘留されていた。

ナワリヌイは「民主主義の闘士」のように西側メディアは伝えた。ところが、CIA、MI6から資金影響を受けていた右翼活動家で、少数民族差別の先頭を走った民族主義の過激派だった事実を西側メディアは意図的に報じていない。なぜなら西側メディアはナワリヌイを「ロシア民主活動家のイコン」につくり上げ、CIA工作の一環としてロシアを分裂させる間接的役割を担わせていたからだ。

暗殺以後、未亡人が「夫の意志を継いで民主主義のために戦う」と宣言し、渡米してバイデン大統領とも会った。ところが彼女はナワリヌイとは別居中で、刑務所には一度も面会に行っていない。しかも不倫関係にある男性がいる。やっぱりこちらも相当のワルである。

ウクライナのSBU（保安庁）はKGB仕込み

世界政治の暗黒面は「暗殺」、政敵の排除である。

現実世界を見れば暗黒政治の「ならず者国家」はロシア、中国、北朝鮮の三羽烏《さんばがらす》にシリア、キューバ、イランなど。

ロシアではプーチンの戦争を支持し、ウクライナを非難してきた保守系の言論人や民族主義の活動家が次々とウクライナ諜報機関と推定される集団によってテロに遭遇、何人かが暗殺されている。プーチン批判派の暗殺ばかりに西側メディアは焦点をあてるが、ウクライナがやらかしたテロには甘い。

民族主義的思想家で、「プーチンの頭脳」とまで言われたアレクサンドル・ドゥーギンの娘のダリアが車で走行中に爆殺された。

ロシア民族主義と欧州主義を謳う思想家は事件以後、しばし鳴りを潜めた。ドゥーギンの娘ダリアはギリシア思想史に詳しく学生時代には父親の思想とは距離を置いていた。次第に地政学と民族主義に接近し、ウクライナ侵攻作戦を支持する言論活動を展開しSNSの世界では父親より影響力があった。二〇二二年八月二〇日に起きたダリア暗殺は、ウクライナのSBU（保安庁）の仕業《しわざ》とされ、容疑者として手配されたのはアゾフ大隊（ウクライナの強豪部隊）の流れをくむ活動家だった。

ついで二〇二三年四月、サンクトペテルブルグのカフェでロシアの右派集会が開催されたのだが、贈答品に仕掛けられた爆弾で、ウクライナ戦争を支持していた著名ブロガーのウラドレン・タタルスキーが爆殺された。

同年一二月二五日、Xマスにニュースとなったのはロシアのオピニオン・リーダーの一人だったアントン・クラソフスキの毒殺ニュースだ。ただしこの情報はウクライナだけが報じており、真偽は不明である。

嘗てRT（ロシアトゥディ）チャンネルのディレクターだったクラソフスキはジャーナリスト兼宣伝活動家で「反ロシア」を叫ぶウクライナ人の子供たちに対して大量虐殺を呼びかけた。

アレクサンドル・ドゥーギンの娘ダリア

「彼らはティサ川で溺死すべきだった。アヒルが浮かび、子供たちを溺れさせ、溺死させたのだ。ウクライナ人の子供たちを火刑せよ」などと過激な主張を繰り返し、大きな怒りを引き起こし、職を追われた。

あまりに露骨で残酷な言動に対して、ウクライナの裁判所は欠席裁判で、「ウクライナに対する犯罪」容疑でクラソフスキに懲役五年の判決を下していた。

アントン・クラソフスキ

ウクライナのSBU（保安庁）は元来KGB仕込みの伝統を背負い、破壊活動、暗殺、謀略なら任せろとばかりに、モスクワへ逃れた親ロシア派の元ウクライナ国会議員やロシア系住民区の親露派政治家らを暗殺した。

ウクライナ軍の劣勢をカバーするための武威を示す軍事行動だが、ロシア影響下の地区でも反ウクライナ政治家が暗殺されるとは！

ロシア側の治安の失態で、プーチンの顔に泥を塗ったことになる。

二〇二三年一一月にはウクライナから遠く六五〇〇キロも離れた東シベリアまでSBUの特

殊部隊が遠征し、シベリア東部で線路を爆破した。場所はモンゴルとの国境に位置する露ブリヤート共和国のトンネル内。バイカル湖北東部セベロムイスキー付近で、貨物列車の通過に合わせて四つの爆発物を爆破させた。この鉄道はロシアと中国を結ぶ主要な輸送ルートで、北朝鮮がロシアに提供した兵器の輸送にも使われた。バイカル・アムール鉄道とシベリア横断鉄道は主要物流網であり、二〇二二年の実績物流量は一億四九〇〇万トン。軍事作戦としては重要な兵站ルートを損傷させたのだから「上出来」である。ロシア調査委員会は声明を出し、「モンゴル隣接地域のブリヤートで燃料を積んでいた列車の火災が発生したが、人命被害はなく、原因を調査中だ」とした。

このニュースを聞いて私は張作霖《ちょうさくりん》爆殺事件を連想した。

一九二八年（昭和三年）六月四日、中華民国奉天（現在の瀋陽市）近郊の橋梁付近で張作霖が爆殺された事件だ。当時関東軍が通過予定の橋梁に爆薬を仕掛け、張作霖の特別列車通過時に爆発させたのは事実で、陸軍大佐だった河本大作が主犯とされた。

加藤康男『謎解き「張作霖爆殺事件」』（ＰＨＰ新書）

ところが、ソ連が列車内に爆弾を仕掛けていた事実は、長い間伏せられていたのである。

張作霖の死因は列車内の爆発だった。詳しくは加藤康男『謎解き「張作霖爆殺事件」』（PHP新書）に書かれており、「ソ連特務機関犯行説」とともに「張学良犯行説」に言及している。

プーチンにブレーンはいない

前述のアレクサンドル・ドゥーギンは明確なロシア至上主義を唱え、「現代ロシア政治のイデオローグ」と言われた。二〇二四年五月には、タッカー・カールソンのユーチューブ番組にも出演した。

しかし彼の思想遍歴たるやトロツキー、レーニンからヒトラー、そしてハイデカー、シュペングラー、ウェイバーと左右の振幅が激しく、最近の発言では「ロシアの真の同盟国はイラン、北朝鮮、ベラルーシといった『のけ者国家』だ」と自嘲《じちょう》気味な発言もしている。ドゥーギンは「現代のドストエフスキー」、「正教会の修道士」、「第二のラスプーチン」、あるいは「もう一人のトルストイ」などと毀誉褒貶《きよほうへん》が激しい。

まるで座標軸のない、思想漂流者である。嘗てドゥーギンはパラノイア的な地政学を主唱し、「カリニングラードをドイツに返還し、NATO諸国をフィンランド化し、日本に千島列島を返還し、日米同盟を亀裂させて日本をロシアの同盟国とせよ。中国は分裂させるべきだ」などと唱えた。こういう考え方はプーチン大統領にはない。その神秘主義あるいはオカルト的妄言は、パラノイア民族主義、あるいはウルトラナショナリストと言える。

ドゥーギンはプーチンの側近でもなくクレムリンとの絆は殆どなく、「プーチンの頭脳」というのは誇大宣伝、過大評価である。暗殺標的はドゥーギンではなく、テロリストは最初からドゥーギンの娘をターゲットとしていたのだと分析したのは作家の佐藤優だ。

ドゥーギンは多言語に精通し、博学で社会理論、難解な文学、規範哲学に精通している。ハンティントンの文明主義からアレイスター・クロウリーの悪魔主義、極左サンディカリズムから極右伝統主義と多彩なアプローチに対応してきた。中国の復旦大學にも研究員として招かれ、モスクワ大学で教授を務めたほど博学だった。

ドゥーギンは基本的にはニヒリズムに立脚し、反自由主義革命を公然と呼びかけていた。国際秩序の終焉《しゅうえん》を予言し、西

アレキサンドル・ドゥーギン

側に対する完全な嫌悪感を示してきた。だからロシア人の愛国者でもドゥーギンの思想に戸惑いを感じた。

プーチンが尊敬するのは、土着的愛国者で敬虔《けいけん》なロシア正教の信者でもあったソルジェニツィンである。

ドゥーギンの哲学的発言や政治的思想は、古典的な地政学、伝統主義、オカルティズム、フランスのポストモダニズム、ヨーロッパのニューライトなどの受け売り部分が濃厚にあった。

プーチンとの共鳴部分があるとすれば、「新ユーラシア主義」である。

新ユーラシア主義を主唱するドゥーギンの考え方は、ロシアが「モンゴル帝国」のような伝統主義的なユーラシアの宗主となり、近隣諸国を包摂・統合することを理想とする。

この新ユーラシア主義がプーチンの外交政策立案に直接的影響を持ったことはない。

けれども、ロシアに対する西側の長年の敵意、伝統的な陸上大国と海洋大国の間の避けられない戦い、邪悪な外国勢力によるロシア社会の転覆などとするドゥーギンの被害妄想的な地政学的分析はプーチン政権の基本的な歴史観と類似性がある。

ドゥーギンは二〇二三年二月二四日、珍しく日本の「TBS」のインタビューに応じ、「ロシアが勝つか、人類が滅びるかであり、ロシアが勝てば世界は平和になる」と神秘主義的預言をしている。捉えどころのない思想家、プーチンが彼を師と仰いだというのはフェイク情報だった。中国の習近平の取り巻きで、唯一イデオローグと言えそうなのは序列四位、政治局常務委員の王滬寧《おうこねい》である。彼は、表向きは政商会議代表だが、過去の業績からみても、習の重要なスピーチライターであり、同時にたぐいまれな陰謀家である。

前述のサンクトペテルブルクのカフェ爆殺事件を振り返っておく。

二〇二三年四月二日、若い女性活動家だったトレポワはプーチン支持の愛国者(西側のメディアは「超国家主義者」とか「戦争支持者」「右翼」と呼ぶ)がサンクトペテルブルクのカフェ(プリゴジンが経営していた)で講演したタタルスキーに贈り物を届けた。なかに仕掛けられた爆発物が爆発し、タタルスキーは死亡、五〇人以上が負傷した。

トレポワ容疑者はテロ、爆発物の違法取引、違法文書偽造の罪で起訴され、二〇二四年一月二二日、懲役二八年の刑が言い渡された。

「私は罪を認めていないが、自分の道義的責任は認めている」とトレポアは発言した。

ダリヤ・トレポワ

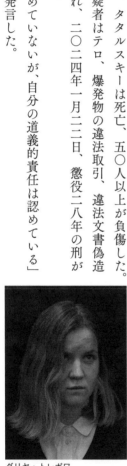

ウクライナ戦争に反対するトレポワは、届けた品物のなかに爆弾が隠されていたとは知らなかったとし、文書偽造は認めたが、爆殺に関しては無罪を主張した。「（贈り物箱のなかにある）胸像のなかにマイクがあるだけだと確信していました」と彼女は裁判で証言した。サンクトペテルブルク州立大学の元医学生であるトレポワが反政府イベントに参加していたことが確認されており、また夫のドミトリー・ルイロフは反戦集会で拘束されていた。被害者らは精神的損害と財産的損害として五六万八五〇〇ドルの民事訴訟も起こしている。トレポアは「被害者たちへの補償を個人的に行うつもりだ」とも述べている。

ロシアの最新鋭武装ヘリコプターごとの亡命者はスペインで射殺されていた

反プーチンの活動家、ロシアの民主主義陣営にとっては英雄とされたナワリヌイの〝暗殺〟に至るまで、プーチン政権下で起きた著名人の暗殺疑惑は以下のとおり（ただしこれらは氷山の一角で、名もなき人たちの被害者はこの数十倍と推測される）。

●一九九八年、ガリーナ・スタロヴォイド（国会議員）は「バルト三国、ポーランドを見習い、プーチンの被選挙権を脅かす恐れのある全体主義実行者の職業制限に関する法律」の立法化を目指したため殺された。

●二〇〇二年、アレクサンドル・レベジ（中将）は大統領選で三位につけた大物。プーチンのライバルで当時唯一脅威になりうる存在だったが、ヘリコプターの墜落事故で死亡した。

●二〇〇三年、ユーリ・シェコチーピン（ジャーナリスト）は「プーチンは全体主義だったソ連の暗黒時代に戻ろうとしている」と批判していた。とくに第二次チェチェン戦争を正当化するためにプーチンが自作自演を命じた連続高層アパート爆破事件を調査していた。やはり邪魔者扱いされて殺された。

●二〇〇四年、アンナ・ポリトフスカヤ（女性ジャーナリスト）は「第二次チェチェン戦争」に反対の立場でプーチン政権による拉致《らち》や暗殺事件を調査していた。自宅アパートのエレベーターで射殺された。

●二〇〇六年、アレクサンドル・トリトビネンコ（元FSB職員）は英国に亡命し、連続高層アパート爆破事件はプーチンの命令により行われたと証言した。放射能を浴びせられて死亡した。

●二〇一三年、オリガルヒで反プーチンだったボリス・ベレゾフスキーが自宅浴室で死亡していた。

●二〇一五年、ボリス・ネムツォフ（野党リーダー）は民主運動の旗手として世界的に名声を得ていた。ウクライナ侵略に反対。プーチンを「控え目に言っても狂人だ」と発言した。深夜、女性とデート中に射殺された。

●二〇一七年、デニス・ヴォロネンコフ（国会議員）はプーチン政権批判およびクリミア侵略に反対。ウクライナに亡命したがキーウで銃撃をうけ落命した。

●二〇二〇年、マキシム・マルツィンケヴィッチ（極右活動家）は露警察が庇《かば》っている薬物売人や幼児性愛者を捕まえる「私人逮捕系ユーチューバー」として活躍した。服役するも、出所後間もなく不審死（拷問の跡多数）した。

●二〇二三年、モスクワの病院でラビル・マガノフが「転落死」した。

●二〇二三年、エフゲニー・プリゴジン（ワグネル軍団創設者）は、プーチンに忠実な「戦争の犬」と見なされたが、ロシア軍の無能と汚職を批判しプーチンを老いぼれ呼ばわりした。軍事的な反乱を試みて失敗し、飛行機事故で暗殺された。

■プーチンに暗殺された可能性のある著名人

アンナ・ポリトフスカヤ

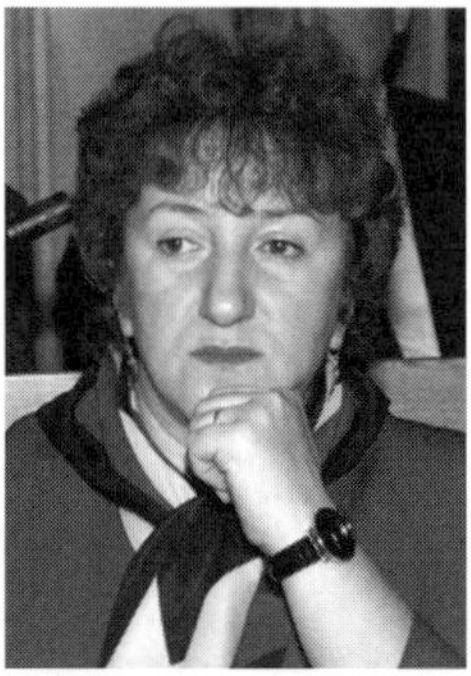

ガリーナ・ワシリエヴナ・スタロヴォイトワ

アレクサンドル・リトビネンコ

アレクサンドル・レベジ

ボリス・ベレゾフスキー

ユーリ・シェコチーヒン

ラビル・マガノフ

ボリス・ネムツォフ

エフゲニー・プリゴジン

デニス・ヴォロネンコフ

マキシム・マルトシンケビッチ

ナタリヤフが刑務所内で死亡した事件の影に隠れたが、ロシア亡命パイロットが逃亡先のスペインで暗殺された。

二〇二三年八月、ロシアの戦闘ヘリMi8を操縦して、ロシア軍パイロットだったマキシム・クズミノフ（二八歳）は、ウクライナのハリコフ空軍基地に機体ごと亡命した。前もってウクライナ課報機関とコンタクトをとっていた。巨額の賞金狙いだった。

Mi8はガスタービン駆動。これまでに一万二〇〇〇機が生産されているが、医療ヘリから夜間攻撃用までバラエティに富み、ウクライナも同型ヘリは保有している。おそらく亡命機は新型だったのだろう。武装ヘリそのものと多くの軍事機密書類が積み込まれていた。これはウクライナの謀略機関が仕組んだ「シジュウカラ作戦」の成功例となった。しかし搭乗していたもう一人のロシア人乗組員は「降伏しない」と言い張ったので着陸後、ウクライナ軍に殺害されたという。

亡命パイロットは「ウクライナ侵攻に反対。加担したくなかった」のが亡命動機だと記者会見で述べた。この「シジュウカラ」

ウクライナメディアセンターで会見するマクシム・クズミノフ（右）

という暗号名の特別作戦の成功報酬として、彼は身の安全と「新たな書類」（偽造パスポート）、相当額の金銭が提供された。

クズミノフはその後、スペインに逃げていた。二〇二四年二月一九日頃までに、スペインのアリカンテ県ビジャホヨサ市（ここはロシア人金持ちの別荘が多い）の地下駐車場で死体で発見された。クズミノフは何者かに射殺され、五発の銃弾が体内に残っていた。スペインのメディアによれば「雇われた殺し屋」の仕業で発射された弾丸は一二発。宿泊先からは一〇万ユーロの現金が発見されたという。

ロシアの伝統は「裏切り者を消せ」。

「シジュウカラ作戦」の意味だが、シジュウカラは日本とシベリアから中国東北部、スカンジナビアで繁殖するが、ウクライナでの観測は記録されていない。シジュウカラは日本では「四十雀」とも言われ、鳴き声にレパートリーが広い。帰巣するときにアクロバット的なパフォーマンスをするので庭鳥として人気がある。おそらく鳥の配色が黄色とブルーでウクライナを象徴するからだろうと事情通は分析した。

「ポスト・プーチン」は「民主化」する?・

「ナワリヌイ以後」の反プーチン陣営、いまどのような動静にあるのか?次の「ロシア民主化のイコン」は誰か?

懐かしい名前が再び浮かんできた。ミハイル・ホドルコフスキーだ。彼はプーチンの最大のライバルだった。あまりにプーチン批判が露骨で、しかも反プーチン候補に巨額の献金をしていたため二〇〇三年に突然逮捕され、シベリアの刑務所で一〇年を送った。水面下でドイツのゲンシャー外相らが政治圧力と取引きにより、二〇一三年、病気療養を名目にドイツへ出国した。爾来一〇年余、ホドルコフスキーは亡命先のロンドンからプーチン批判のメッセージを発信している。

ホドルコフスキーは二〇〇三年に政治的動機に基づく詐欺罪で実刑判決を受けた。石油企業「ユコス」CEOとしてビジネス世界のヒーロー、新興財閥の代表選手だった。巨額を反プーチンの政党や政治家に献金した。ホドルコフスキーは

ミハイル・ホドルコフスキー

ロンドンで、民主化団体『オープン・ロシア』やオンライン報道機関に資金を提供してきた。彼らのユーチューブは登録者数二〇〇万人を超える。

ホドルコフスキーはユダヤ人で商才がある。最初は小さな銀行を経営し、党の資産を管理。タックスヘイブンで運用し、一九九五年、石油会社を買収した。一九九八年にはユコスをルクオイルと並ぶ巨大企業とし、それをエクソンに売却する手はずも整えていた。ホドルコフスキーの外交哲学はパワーバランスを基軸としており、プーチン外交批判の論点は「中国に接近することは愚かであり、中国を裨益させるだけだ」とするところにある。まっとうなことを言っているにすぎない。

また現在のオリガルヒ（新興財閥）は「プーチンに奉仕することと引き換えに権力と財産を得ている」と鋭く批判し、「ロシアは巨大かつ多様な国であるから一元的に管理しようとすれば巨大な幕僚組織を持たねばならない。中央でこれほど大きな組織を持つことは、国民に対しては『外敵から国を守るということ』で説明されることになる。その正当性を保つために外敵に対する戦闘行為・侵略行為を続けることを余儀なくされるのだ」とプーチン大統領の行動原理を説明した。

ホドルコフスキーは日本の『文藝春秋』（二〇二二年七月号）に登場し、「プーチン大統領は「汚職と犯罪」でロシアを統治しており、経済社会問題を覆い隠すため「外敵」を利用して繰り返し戦争に訴えている」と述べた。

「ロシア人にとってプーチン政権への抵抗運動がたいそう危険なため、取りうる手段はサボタージュくらい」とも述べている。

この他ロシア民主化のイコン候補は誰か？

ウラジーミル・カラ＝ムルザとイリヤ・ヤシンは、ウクライナ戦争に反対し、投獄中である。カラ＝ムルザは、米国とその同盟国が人権侵害者である世界中の政府高官に制裁を科す「マグニツキー法」に取り組んだため、「国家反逆罪」で二五年の懲役刑。野党政治家のイリヤ・ヤシンは「ブチャの虐殺の背後にロシア軍がいる」と発言し、軍に関する虚偽の情報を広めた廉《かど》で懲役八年半。ヤシンは二〇〇〇年に「ヤブロコ」に入党したが、ナワリヌイの攘夷的な過激ナショナリズムには染まらなかった。亡命反政府活動家のマキシム・カッ

ウラジーミル・カラ＝ムルザ

イリヤ・ヤシン

ツはイスラエルにいる。

外野には、大統領候補者として署名を集めたボリス・ナジェージェジン、エカテリーナ・ドゥンツォワ女史がいる。二人の立候補は阻止された。ドゥンツォワ女史は、政治経験がなく、慎重に「平和推進」の議題を掲げている。彼女は新党（「夜明け」）の組織委員会設立会議後に拘束され薬物検査を受けた。

ナジェージェジンはロシア国内外で数万人の支持を集め、立候補への支持を求める人々の長蛇の列ができた。彼を支持することが戦争反対を表明する唯一の方法と考える人もいれば、彼をプーチン大統領の真の代替者と見る人もいた。ナジェージェジンは一五万筆の署名とドゥンツォワ女史、カッツ、ホドルコフスキーおよびナワリヌイ支持者らの署名を集めた。しかし案の定、文書不備などとケチをつけられて立候補を阻止された。

他方、元エカテリンブルク市長のエフゲニー・ロイズマンや言語学者で元モスクワ市下院議

エカテリーナ・ドゥンツォワ

ボリス・ナジェージェジン

員ユリア・ガリヤミナなど、プーチン大統領に批判的な政治家は釈放されている。

ガリヤミナ女史は二〇一七年の抗議活動中に警察に顎を折られた。プーチン大統領が二〇三六年まで政権を維持できるという憲法改正に反対する運動を行った。彼女は「外国代理人」の烙印を押され教職を解雇された。

ナワリヌイの友人だったロイズマンは、ユーチューブでウクライナ戦争を批判したとして二〇二三年五月に罰金刑を科された。エカテリンブルクでは高い人気がある。

ナワリヌイの報道担当だったキラ・ヤルミシュや、元反汚職財団理事長のレオニード・ボルコフなど、著名な人物もいる。

ボルコフは、ナワリヌイの二〇一三年のモスクワ市長選挙運動や二〇一八年の大統領選挙運動の責任者を務めた。二〇二〇年にロシアを離れてリトアニアに亡命したが、二〇二四年三月に暴漢に襲われ重傷を負った。ボルコフはEU委員会に「ミハイル・フリードマンに対する制裁を解除するよう」求めていた。

急浮上はユリア・ナヴァルナヤ女史。ナワリヌイ未亡人だ。二〇二〇年のナワリヌイ毒殺未遂事件の衝撃から政治行動

ユリア・ナヴァルナヤ

を開始し、ナワリヌイの不審死後は、ミュンヘン安全保障会議で演説し、渡米してバイデン大統領とも会見するなど、世界の注目を集めていることは述べた。彼女は亡き夫の仕事を引き継ぐことを認めた。

「私には諦める権利はない。国のために戦い続けるので、皆さんも私の隣に立ってください」と訴えた。

ゼレンスキー（ユダヤ人）のカトリックへの改宗は東方正教会への「裏切り」

二〇二二年二月二四日にロシア軍がウクライナに侵攻して以後、喜劇俳優だったゼレンスキーが「民主主義の砦」として有名となり、大統領に当選した。

西側の深い同情を買い、また演説がうまく、カネ集めに長けていた。米英、日本の国会でも演説した。国際会議があると聞けば、逐一オンラインで出演し、援助を要請した。英米がお膳立てをしたのだ。

2022 年 2 月 24 日に開始されたロシアによるウクライナへの全面侵攻

ウクライナ周辺図

二年も経つと、西側の援助疲れが顕著となった。オルバン（ハンガリー首相）がいみじくも指摘したように「殆ど誰もウクライナの勝利を信じていない」。

ところで、三月一六日のオハイオ州演説で、トランプ前大統領は「中国メーカーがメキシコで製造した自動車すべてに一〇〇％の関税をかける」と爆弾発言。習近平国家主席を名指しして、「メキシコに巨大工場を建設し、米国人を雇わずに、我々に車を売ろうとしている。そうはさせない」とけんか腰の発言を繰り出した。さきに中国からの輸入品すべてに六〇％の関税をかけるというのもブラフだが、中国車に対して一〇〇％の関税をかけるというのは「米国・メキシコ・カナダ協定（USMCA）」において、「メキシコから米国への自動車輸出は無税」と明記されているのだから、協定改定が必要である。しかもこの「米国・メキシコ・カナダ協定（USMCA）」はトランプ大統領時代に成立させたのだから発言は矛盾している。

日本のメディアは商売優先だから、上記の報道を大きく伝えたが、同じオハイオ州演説でトランプはもっと強烈な発言をしているのだが、そのことを報道していない。

曰く。「ウラジーミル・ゼレンスキー氏が米国を訪問するたびにポケットいっぱいの現金を持ってワシントンを離れることに成功している。ゼレンスキー氏はこれまで知った『最も偉大なセールスマン』の一人だ」と辛辣《しんらつ》に批判した。そのうえで、「米国は単にキーウに資金をくれてやるのではなく、資金は『貸付け』とすべきだ。そうすれば彼らが成功した場合、我々に返済してくれるだろう」、「ゼレンスキー氏は歴史上最も偉大なセールスマンです。訪米のたびに五〇〇億ドルか六〇〇億ドルを持って帰ってしまう。私もビジネスマンだが、そんな芸当はできなかった。だから彼は私よりもはるかに優れたセールスマンです」と皮肉たっぷりに述べている。

ウラジーミル・ゼレンスキー

人気キャスターのタッカー・カールソンはゼレンスキーを「出て行かない居候《いそうろう》」と比喩したが、今度はトランプの「セールスマン」発言。左翼を除くアメリカ人の心象を代弁しているとみていいだろう。カールソンはゼレンスキーにもインタビューを申し込んでいたが、「返事もない」と実情を語っている（四月三日、マジョリー・ティラー・グリーン下院議員との番組で）。

ウクライナ戦争の実態はすでにゼレンスキー側の敗色が濃く、そのうえ大統領選挙をしないとして政敵を英国大使に「追放」したことはウクライナ国民の不信を招いた。米議会は支援資金の可決を四月まで延期した。ウクライナを最後まで支援すると言い続けてきたヌーランド国務次官も停戦交渉の邪魔となったため国務省からたたき出された。

〝ハンガリーのトランプ〟かく語りき

「ハンガリーのトランプ」こと、オルバン首相も吠えた。

オルバンは訪米してバイデンをバイパスし、トランプとだけ会った。あの「稀な間抜け」には会っても意味がないという意思表示だ。ワシントンは、世界の外交がすでにトランプに傾いていることを知って愕然となった。

二〇二四年三月一五日、オルバン首相は「EUはハンガリーをロシアとウクライナの紛争に関与を強制し、受け入れさせる試みに対し、ハンガリーを守るためにあらゆる手段を講じる用意がある。西側の大国が戦争を始め、世界を破壊し、国境を引き直し、イナゴのようにあらゆるものを食べているが、私たちハンガリー人は異なる生き方をしており、異なる生き方を望んでいるのだ」

オルバン首相は、「EUを適切に再構築する必要があり、EU指導部が震え始めるときが来た」と続けた。この発言の

オルバン首相

裏には「ウクライナにNATO軍を派遣する選択肢もある」などとしたマクロン仏大統領を、オルバンがバイデン同様に「間抜け」と思っているからなのだろう。具体的にはウクライナ全面支援のEU諸国や英米の路線を明瞭に批判しつつ、独自の路線を歩むと言っているのだが、その一方で、オルバンは中国と異常接近をしている。この点が気がかりである。BYD工場の建設、ブタペスト大学に中国人留学生増員と孔子学院など、NATOばかりか米バイデン政権へのあからさまな挑戦を見せつけている。

海外に出たウクライナ人が一日あたり三五〇〇万ドルを使い、二〇二三年度には海外でのクレジットカードで一八〇億ドルを「海外に持ち出した」ことが分かった。

ウクライナ国立銀行副頭取のセルゲイ・ニコライチュハスがデータを明らかにした（二月二日、RN）。二〇二二年には二〇〇億ドルだった。

一方、海外の国民からウクライナに送金される金額は減少し続けた。ウクライナ戦争前の二〇二一年に一四〇億ドルだったが、二〇二二年には一二〇億ドルに減少。二〇二三年には一〇六億ドルに減った。

国連によると戦闘勃発以後、およそ六〇〇万人以上のウクライナ人が国外に逃れた。ゼレンスキー大統領は「国外に逃亡した男性たちに帰国するよう」うながした。徴兵は女性にもおよび簡単な軍事訓練を受けただけで、女性兵士が前線に投入されている。一方で西側からの援助物資は横流しされ、武器も闇市場へ出回ってテロリストへ輸出された可能性が高いのは国際常識である。

ナワリヌイは極右民族主義活動で知られ、プーチン批判と言っても、他の民主主義的な反プーチンとは一線を画していた。葬儀は三月二日、モスクワで行われ雪道をいとわず数千の人の行列ができた。墓は花束で埋まった。しかし未亡人は欠席した。

中国では李克強《りこっきょう》が急逝した折、安徽省の生家跡に数万人の弔問客が訪れ、花束で埋め尽くされた。この場面と二重映しになった。後者は中国民衆の習近平独裁への当てつけ、静かなる抗議行動だった。

二〇二四年二月二七日、モスクワの裁判所は「ウクライナ侵攻に反対した」として、ノーベル平和賞の人権団体「メモリアル」幹部、オレグ・オルロフに禁錮二年六カ月を言い渡した。オルロフは二〇二二年一一月、フランスメディアへの寄稿文が「ロシア軍の信用を失墜させた」として罪に問われ、

オレグ・オルロフ　©AP／アフロ

二〇二三年に罰金を言い渡された。オルロフは「共産主義を脱したはずのロシアが全体主義に逆戻りし、いまやファシスト化している」とプーチン政権を鋭く糾弾した。
二〇二四年三月一日、ロシア当局は「ウクライナ戦争に反対し、LGBTQプロパガンダを推進した疑い」で、女流作家のリュドミラ・ウリツカヤを「外国工作員」と認定した。

ウリツカヤ女史はすでに海外に移動した。ノーベル文学賞候補作家とも評価されているが、ソ連時代からクレムリンに抗議し、プーチン大統領を激しく批判してきた。

リュドミラ・ウリツカヤ

リュドミラ・ウリツカヤの作品は日本でも『女が嘘をつくとき』など一一冊が翻訳されていてファンが多い。バシコルトスタン共和国生まれで、児童文学でロシアブッカー賞を受賞した。写真を見ると明らかにロシア人ではなくバシコール人かタタール人である。

ウリツカヤの小説は一七カ国で翻訳され、とくに『ダニエル・シュタイン』はカトリックの司祭になったポーランド系ユダヤ人の実話に基づいた物語だ。プーチン大統領がウクライナでの軍事作戦を命じると、彼女は「無意味な紛争はロシアにとって壊滅的なものになるだろう」と予測し、ドイツへ出国した。

ロシア法務省は、ウリツカヤ女史が「ウクライナでの特別軍事作戦に反対」したことを外国のエージェントと認定し、著名作家のボリス・アクーニンを含む「WANTED」のリストに加えた。

ボリス・アクーニンはロシアを代表する推理小説家だ。彼はグルジア人である。

二〇一四年にロシアを出国し現在、ロンドンで暮らしている。

ロシアは「外国工作員」という用語を反逆者や国家の敵とみなす人々に適用し、ラベルを貼られたすべての人物の出版物に「警告マーク」を義務付けている。アクーニンの作品はロシアの書店から撤収された。

三島由紀夫のロシア語翻訳家として知られる作家のボリス・アクーニン（本名はグリゴリー・チャハルティシビリ）が翻訳した作品には三島由紀夫の『サド侯爵夫人』『近代能楽集』『真夏の死』『金閣寺』があり、日本政府から旭日小勲章を受けている。『自殺の文学史』は古今東西の作家の自殺

三島由紀夫

ボリス・アクーニン

を論じた作品だが一四歳のときに三島の割腹自殺に衝撃を受けたことが動機だという。筆名のアクーニンは日本語の「悪人」に由来する。また彼の小説は歴史推理の分野で一八二〇年代の日本を舞台に選んでいる。

アクーニンはグルジア系ユダヤ人で、二〇一四年以来、プーチン批判の最先端にいる。モスクワのバスマニー地方裁判所は「外国の代理人」として、テロリズムを扇動し、ロシア軍に関するフェイクニュースを流した容疑を逮捕状理由とした。アクーニンは、クリミア併合とウクライナ侵攻に反対の立場を表明し、「ロシアは『精神的に異常をきたした独裁者』によって統治されており、最悪なことに、彼の偏執症に従順に従っている。プーチンよ、消えろ」と書いた。ウクライナ難民や亡命ロシア人を支援する「真のロシア」を共同設立した。筆名は「悪人」だが、本人は「善人」ということか。嘗て亡命者のたまり場はパリだったが、いまやそれはロンドンになった。

同三月一日、ドキュメンタリー映画監督のユーリ・ドゥッドや政治学者のエカテリーナ・シュルマンらクレムリン批判者を「外国工作員」と認定した。

ロシア法務省はさらに風刺画家セルゲイ・エルキンらをリストに加えた。エルキンはプーチン風刺で有名な漫画家だが、便座をタイタニックに見立て、その甲板で両手を広げたデカプリオの格好をしたプーチンをからかう構図は大ヒットとなった。エルキンが筆名でないとすれば、人名からの類推でアルメニア人かもしれない。

ジャーナリストのローマン・ドブロホトフ（ウェブサイト『インサイダー』創設者）は嘗てのマレーシア航空撃墜事件や初回のナワリヌイ毒殺未遂事件などを暴いてきた。カレン・シャイニャン（同性愛を公言した編集者）もリストに名を連ねた。

プーチン批判の英字紙『モスクワタイムズ』も外国の代理人呼ばわりされ、経営が暗礁に乗りあげた。

アラブとイスラエル

グルジア（現ジョージア）のことに脱線するが、スターリンはグルジア人である。

首都トビリシの土産物屋にはスターリン・アイテムが並んでいて、多くの観光客が買っているのには驚かされた。

この現場写真を私も撮影したが、日本では報じられていないので、雑誌『歴史通』の巻頭グラビアを飾ったことがあった。

ジョージアはアルメニアと同時期にキリスト教が伝わり、ロシア正教は後輩格である。ソ連崩壊後に独立し、初代グルジア大統領は詩人のガムサフルーディア。二代目が元ソ連外相のシェワルナゼだった。そして三代目が米国でビジネスに成功して凱旋したサアカシュヴィリだ。

サアカシュヴィリ大統領時代、アメリカの支援を期待してアブハジア、南オセチアの独立を封ずる戦争を始めた。

ところがロシアが介入し、その後、サアカシュヴィリはウクライナに逃亡した。オデッサ知事などを務めたもののグルジアに帰国後、逮捕され、いまは服役中だ。

ともかくグルジアは反ロシア・反プーチンであり、ロシアの多くの若者が首都トビリシへ逃げたように、グルジアの外交目標はNATO、EU加盟である。これらの経過をみただけでもプーチンがグルジアに好意を抱いていないことは推測できる。またユダヤ人はロシア、ウクライナのみならず旧東欧で嫌われ者である。

ウクライナ国籍の回復後、同国へ再入国するサアカシュヴィリ（2019年）

二〇二三年十月七日、ハマスがイスラエルを奇襲し、直後からイスラエルのガザ攻撃が始まった。単に報復のための軍事作戦かと思いきや、まるでハマスの殲滅を狙っているかのようにイスラエルは攻撃の手を休めない。このため世界中で（米国ですら）パレスチナ擁護の声が、イスラエル支持より強くなった。気がつけば「イスラエル＝悪」という論調に変化していた。

ガザ地区の死者は「三万人以上」。このうちの「七〇％が女子供」と報道され、世界の同情が集まり、イスラエルの残酷性を非難するようになった。この数字をバイデンもオースチン国防長官も追認しているため、西側のメディアは裏付けも取らずに報じている。民主党上院院内総務は「ネタニヤフ退陣が望ましい」と言い出した。

思い出されたい。南京「大虐殺」、アウシュビッツ、パターン死の行進……これらでは捏造された数字が一人歩きした。

しかし、これは戦争におけるプロパガンダ戦争の定石である。

不都合な真実は絶対に報道したり、認めたりしないから日本人が虐殺された通州事件も通化事件も頬被りする。それどころか日本の教科書がこんな甚大な被害を受けた日本人の惨劇を書かないのだ。

米国が、中国国民党ですら知らなかった「南京」を〝ジャーナリスト〟とか〝牧師〟の肩書きを持たせた事実上のスパイに出鱈目を書かせた。米国は広島、長崎、そして日本の五〇都市への無差別攻撃（死者は三〇万人を超える）への批判をかわすために、日本軍の残虐をでっち上げる必要があった。それで南京「大虐殺」をでっち上げたのである。当初は架空の犠牲者の数字を二〇万としたが、それでも足りないので三〇万とし、便乗した中国が「記念館」をつくって国民を洗脳した。ピクニックとかわらず、途中に珈琲ブレークもあった「パターン行進」を「死の行進」とつくり替えた。

ハマスが毎日発表するガザ地区の犠牲者数は「捏造だ」と米ペンシルバニア大学教授が実証した。ペンシルバニア大学ウォートン校（ＭＢＡでは世界一）で、データサイエンスを教えるアブラハム・ワイナー教授は「ハマスは毎日の死者を二五〇名プラスマイナス一五％と恣意的に決めており、また犠牲の七〇％を女子供とするなどしており、これを毎日の発表基準としているようだ」と述べた。

そもそもユダヤ人とアラブ人の祖先はアブラハムである。

正妻があとでイサクを生むが、その前に側室がイシュマエルを生んでいた。イシュマエルは砂漠に追放され、この子孫がアラブ人、イサクの子孫がユダヤ人というわけである。紀元前一七世紀、エジプトで奴隷となっていたユダヤ人だったが、モーゼの手引きでシナイへ戻った。『旧約聖書』に書かれた「約束の地」とはカナンだった。パレスチナで「ヘブライ王国」を建国し、原住民を追い出した。

茂木誠&宇山卓栄『日本人が知らない！世界史の原理』（ビジネス社）では、「正統性を得るためにカナンの地」はでっち上げられたのだという。紀元前六世紀にはユダ王国が滅ぼされ、ユダヤ人は奴隷としてバビロンに囚われる。次にアケメネス朝ペルシアが全オリエントを統一、ユダヤ人はその隷下に入るのだが、「民族的なトラウマを癒やすために『神によって選ばれたからこそ試練を受けるユダヤ人』というストーリーをつくり上げた」とする。

「ユダヤ人はハザール人」という、まことしやかなユダヤ起源論が半世紀前からはやった。この説を最初に聞いたときには胡散《うさん》臭い話だと思ったが、案の定、文献が皆無なのだ。図書館の古本にあたっても半世紀以前の文献的証拠はゼロ。そこで中東史に詳しい滝川義人（翻訳家）に聞くと「まるでインチキ説です」とにべもなかった。

「ハザール王国は七世紀から十世紀に、黒海北部からコーカサス地域を支配した遊牧民（中略）、ユダヤ教を事実上の国教としたハザール王国のユダヤ教への改宗者がヨーロッパのユダヤ人となったとする説」だと言う。

また、「この説に依拠すると、ハザール人たる偽ユダヤ人がシオニズム運動を推進する正統性はなく、イスラエル国家建設への歴史的権利もないということになる」とも述べていた。つまり、反シオニズムにこれほど都合のよい偽造説はなく、反ユダヤ主義に利用されたというわけだ。近年、科学の発展による遺伝子の解析によって、この説は完全に否定された。

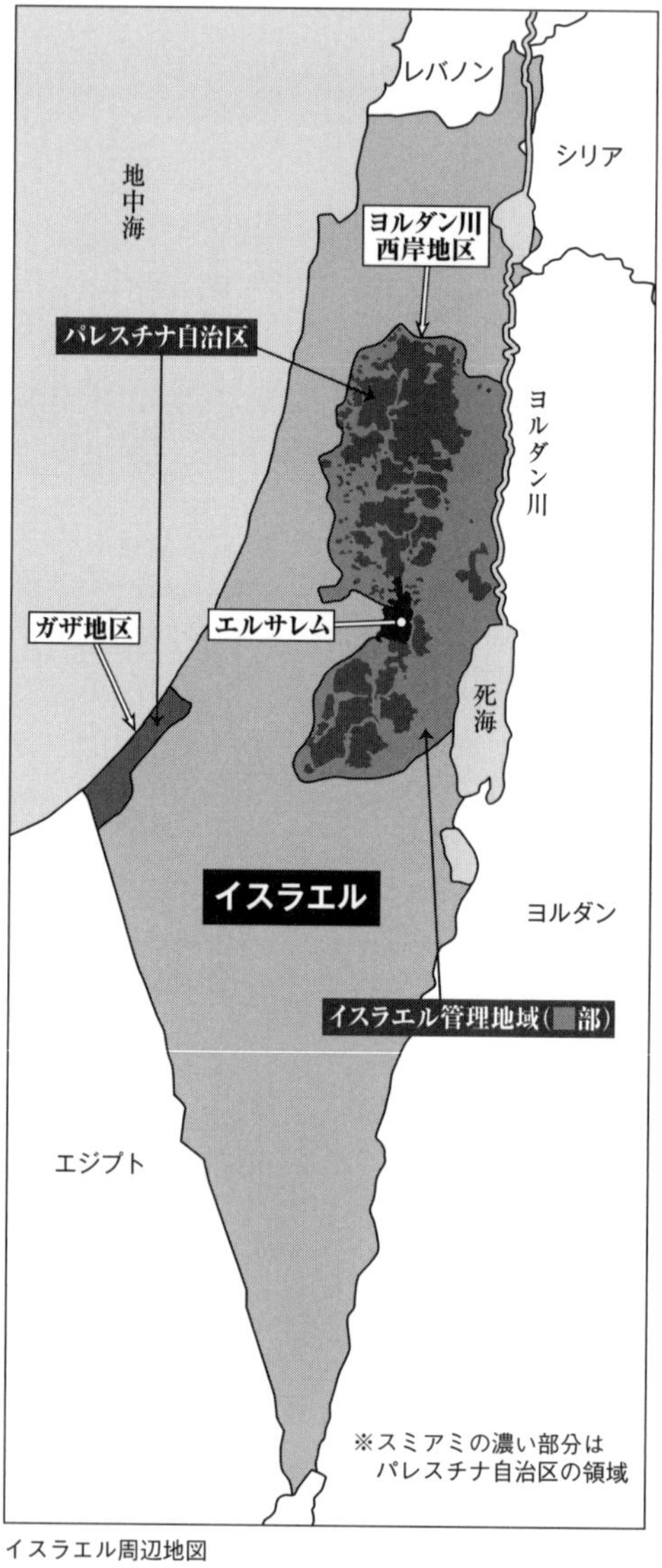

イスラエル周辺地図

『シオンの議定書』は巧妙な偽造文書であったが、パリの古文書偽造団がつくったように、ハザール説はウクライナ生まれのユダヤ人歴史学者のアブラハム・ポラック『ハザリア―ヨーロッパにおけるユダヤ人王国の歴史』が嚆矢《こうし》とされる。その後、アーサー・ケストラーが『ユダヤ人とは誰か―第十三支族ハザール王国の謎』を書いて爆発的な反響があった。日本におけるユダヤ陰謀論は、大概がこの二冊に準拠している。

話を元に戻すとユダヤ人であるゼレンスキー大統領は国民の絶対的信頼を得ているわけでない。バックにアメリカがいるから批判を控えてはいるが、彼がカトリックに改宗したことをユダヤ人は「裏切り」と捉えている。

またゼレンスキーが暦を西欧キリスト教のグレゴリオ暦に換えたことをロシアは裏切りと考える。背景は複雑である。

日本は、この最重要かつセンシティブな争点を避けるクセがある。

「おんな戦争屋」は「ヌーランドのクッキー」

アメリカにも好戦的な女性政治家がいた。筆頭はヒラリー・クリントン元国務長官。二番手はネオコンの女性闘士、ビクトリア・ヌーランド(オバマ政権では国務次官補。二〇一四年の『マイダン革命』の仕掛け人。ヤヌコビッチ大統領に反対する人々にクッキーを配って、抗議行動を背後で煽り、ロシアからは「ヌーランドのクッキー」と批判された)。クレムリンが対米制裁で入国禁止リストのトップに据えた。

当時のアメリカの政治雰囲気は、自由と民主を脅かすのがロシアであり、外交的には強硬路線が評価されたため、上院の指名公聴会でヌーランドは全員が賛成したほどだった。彼女はブラウン大学卒で一貫した国務省官僚の道を歩き、ロシア語、フランス語、中国語も流暢《りゅうちょう》なので重宝され、国務省スポークスウーマン、NATO大使などを歴任している。

二〇二四年一月三一日、ヌーランド国務次官はキーウを電撃訪問し、「ちかくGLSDB(地上発射小径爆弾＝一五〇キロの射程)を供与できる」と述べた。このニュースにクレムリンは「不吉な予兆だ」と強く拒否反応を示した。ロシアばかりか、米国内でもヌーランドは「おんな戦争屋」として危険視されており、また夫君のロバート・ケーガンはネオコンの理論家として知られる。

同年三月、バイデン政権はこの対ロシア「スーパーホーク」、ヌーランド国務次官を更迭《こうてつ》した。ウクライナに「徹底的に戦え」と前線で叱咤《しった》激励し、「プーチンの政治生命を終わらせるまで、クリミアを取り返すまで戦え」と絶叫していたのが、ビクトリア・ヌーランド国務次官だった。ワシントンがウクライナ支援で熱狂していた頃、ヌーランドはネオコンの旗手として、ウクライナ政策の外交決定権の主導権を握っていたとも言える。見方によっては「敵前逃亡」である。

二〇二三年夏にシャーマン副長官が辞任し、ヌーランドは国務副長官代行になった。彼女にしてみれば、バイデンから「代行」を取り外し、正式に「国務副長官」の任命を受けるはずと信じていた。副長官とは国務省のナンバー2である。ところが彼女はウクライナ担当の重要会議から外されるようになり、たいした要件でもないのに、アフリカへ行かされ、すっかりワシントンの空気が変わった。つまりヌーランドは米国外交の政策決定過程で「鬱陶《うっとう》しい」存在となったのだ。なぜなら戦局は明らかにウクライナの敗色が濃く、バイデンのウクライナ追加援助は半年に亘って議会が反対していた。

世論は「停戦」を望んでいる。

おそらく朝鮮半島型の「休戦」となるだろうが、ゲームチェンジが近い。この流れに向かっているワシントンにとって、ヌーランドは「邪魔」な存在となった。詰め腹を切らされたとも言える。いや、過激派の「自爆」か。

空気の変化を敏感に感じたのがゼレンスキー支援の最右翼、ウクライナ徹底応援団長のリンゼー・グラハム上院議員（共和党。サウスカロライナ州選出）だ。二〇二四年三月にもキーウへ飛んだグラハムはゼレンスキー大統領と会談し「トランプ前大統領の主張のように米国のウクライナ支援を供与ではなく融資にするべきだ」との考えを伝えた。

グラハムは「無利子で（返済）免除可能な融資というトランプ氏の案が最も可能性の高い道だ」とし、会談後にSNSに投稿して、米国の債務膨張という現実を理由に「友人を助けたいと思うのは分かるが、自国の経済状況も考慮しなければならない」と述べた。

グラハムは米上院にあってウクライナ支持派の最右翼だが、徐々に変節しており、二月に約六〇〇億ドルのウクライナ支援を含む追加予算案には反対した。グラハムの政治姿勢は猫

リンゼー・グラハム

の目のように変わる。「プーチンを暗殺すべきだ」と発言したためロシアからは逮捕状がでている（二〇二三年五月二九日）。グラハムは二〇一六年にはいきなり大統領予備選に出馬して真っ先に降板、テッド・クルーズ支援に回ったが、その後はトランプに付いたり離れたり、定見がないかのように議会でうろうろするため、信用するにはいま一歩足りない。しかしグラハムの変節により、ホワイトハウスからウクライナ応援団長格だったヌーランド国務次官が去り、議会には執拗に「ウクライナ援助！　援助！」を叫ぶ議員は少数派に転落した。

ウクライナに冷たくなった米国の空気を肌で感じているのがゼレンスキー自身である。三月七日にバイデンが主催するイベントにゼレンスキー夫人は「日程が調整できない」などととってつけたような理由で「欠席」を通知した。一説には同時に招かれているナワリヌイ夫人との同席が嫌だったからだという。

そしてゼレンスキー大統領はウクライナ軍総司令官だったザルジニーを駐英国大使に任命した。ゼレンスキーは、「この任命はザルジニー氏が望んだことだ。英国とウクライナの盟友関係はさらに強化されるだろう」と述べた。以前から英国大使への転出説は流れていた。ゼレンスキーの人気はガタ落ちで、じつは二五％程度しか支持していないのが真相だ。むしろザルジニーの人気が高く、野党勢力が次期大統領選挙に担ごうとしていた。

かくしてゼレンスキーは政敵サルジニーを「英国大使」という格好の口実でウクライナ政界中枢から排斥して遠隔地へ追いやったのである。

英国メディアは、ザルジニー大使の事前打診に対し、三月六日に英国防相がキーウ入りしてゼレンスキーと会見し、内諾を与えたと報じた。

ついで三月二六日、ゼレンスキー大統領はダニロフ国家安全保障・国防会議書記を解任し、モルドバ大使に転出させた。後任はオレクサンドル・リトビネンコ対外情報局長官となった。

ゼレンスキーは自分の人気が大きく陰ってきたことを自覚しているのである。

ゼレンスキー夫人（オレーナ・ゼレンシカ）

ヴァレリー・ザルジニー

第五章

米国を筆頭に西側諸国の
中国への壮大な誤解と過大評価

『風と共に中国を去りぬ』

「中国経済は繁栄を続ける」などと多くのエコノミストや某経済新聞が煽ったが、やっぱり嘘だった。

マーガレット・ミッチェルの名作『風と共に去りぬ』。英語はGone With The Windである。「去った」(Gone)と『サウスチャイナ・モーニングポスト』が皮肉を込めて報じた(二〇二四年二月一六日)。中国の経済繁栄が終わり、不動産バブルが破綻し、贅沢を楽しんだ時代が去ったと多くの中国人が認識している実態を正直に伝えたのだ。

香港は二〇二四年三月に「安全保障条例」を改定し、外国企業、報道機関にも規制を加えた。このためVOA(ボイス・オブ・アメリカ)は香港オフィスを閉鎖する。当該『サウスチャイナ・モーニングポスト』とて、いつまで自由な報道が可能だろうか? この老舗英字紙は一九八七年にルパート・マードックのニューズ・コープに買収され、一九九三年にはマレーシアの華僑・ロバート・クオック(郭鶴年)のケリー・メディア社の傘下に入った。二〇一五年には馬雲《ばうん》のアリババグループに買収された。英国植民地時代は香港政庁の御用新聞と言われた。アリババは中国共産党と対立し、馬雲が事実上、海外へ逃亡しているため、新聞経営の継続が危ぶまれている。

中国の旧正月といえば獅子舞ならぬ龍舞が練り歩く。世界中にあるチャイナタウンの名物で、凄まじい人出がある。

コロナ禍があけて、旅行ブームが再開、旧正月の八日間の連休には九〇億人が移動すると当局が薔薇色の予測を出していた。旧正月休みがあけ、職場に戻ったところ会社が閉鎖されていたというケースも頻発した。失業者は職探しの連続である。二〇二四年二月一四日の一日だけの中国新幹線乗客は一四二五万人だった。上海から杭州、蘇州などの名勝見学が圧倒的で短距離が特徴だ。一月二六日から一月一四日までに中国の国内新幹線を利用した人は二億三〇〇〇万人だった。合い言葉は「安い、近い、短い」（安近短）。杭州から香港への「日帰り」ツアーも新記録となり、また、日頃地方の庶民とは無縁の北京、上海、哈爾浜《ハルビン》への国内旅行も盛況だった。海外旅行には出かける余裕がなくなり国内旅行ですませたのだ。

香港旅行がなぜ「日帰り」かといえば、店が完全に休みとなって買い物ができないからである。また、香港ディズニーランドはアトラクションが少なくて魅力に乏しく、幸運の占い、神頼みは黄大山へ行く。そもそも香港人は自由を弾圧されたため、中国人を歓迎しない。

代わりに中国人が集中したのはマカオだった。通年でも一日平均一二万人の博徒《ばくと》が襲来するが、旧正月は一日平均二〇万人、旧正月五日間で九〇万人にものぼった。不景気だと、逆にギャンブラーが増える。

マカオに行けない「普通の人」は何をするか？

宝くじ売り場が増えた。ショッピングモールから地下鉄の出入り口、路上、ついには宝くじつき喫茶店も登場。三分の一ほどがスクラッチオフ（インスタント籤《くじ》）だ。中国には公営ギャンブルとしての競馬、競輪、競艇がない。パチンコもないから庶民は小銭を賭けあって路上でトランプで遊ぶ。金持ちはマカオへ行く。公営の宝くじは『福祉籤』、『スポーツ籤』、そしてスクラッチオフである。

二〇二三年の宝くじ売上げは、じつに三七％増となって、八〇六億ドル、日本円で一二兆円を突破した。日本の宝くじ売上げは二〇二二年度統計で八三二四億円だから、中国の宝くじ売上げは日本の一二倍強となる。いかに異常な数値であるかが分かる。若者の就職難ストレスが大きな原因という。

海外旅行の行き先はタイ、次にマレーシア、シンガポールである。いずれも中国人にはビザは不要。コロナ禍以前、中国人のアンケートで「一番行きたい国」のトップは日本だった。

二〇一九年のピーク時、中国人の日本旅行は九六〇万人だった。二〇二三年は回復基調だったといえども往時の四分の一の二四〇万人だった。

インバウンドを期待した旅行業者の思惑は大きくはずれ、ツアー客が殆どいなくなった。個人旅行が増えたのはビザの関係と言われる。日本において嘗ての「爆買い」はなくなった。来日客は宝石、宝飾品、骨董に狙いを定めた。たとえば年代物のウイスキー。昭和の郷愁が残るフィルムカメラも骨董品とされ、彼らの投機対象となる。一本三〇万円もする包丁に名前を彫ってもらう一点買い。ブランド物もまだ人気があるが換金能力の高い順番に物色しているのが実態だ。日本製の日常実用品も人気がある。とくに医薬品、それも目薬から胃腸薬、化粧品、オロナイン軟膏の人気は高く、ドン・キホーテでは「消せるボールペン」やステンレスボトルなど、日本人にはあまり興味をひかれない品物が売れる。

日本への外国人観光客のインバウンドは盛んだが、最大の理由は円安である。ドルの所有者なら嘗て二〇〇ドルだったビジネスホテルが一二〇ドルくらいで宿泊できる。レストランは北東アジアのなかで一番安い。

「おもてなし」は世界的に有名で珍しくもない。観光地で騒がしかった中国人が殆どいない。どこへ行ったのか？

中国経済のブームは終わっているのである。

中国は外国籍も含めて、企業のなかに共産党細胞を設置せよと命じた。次に企業のなかにも軍隊組織をつくれと言い出した。ワルは身内も信用しないのだ。

軍の効果的強化が目的なのか？

じつは中国企業に勤める多くは潜在的失業者である。社員には、草むしりの代わりに軍事訓練を強要し、不満の爆発を抑えこんでいるのである。これを「軍事的脅威になる」とまともにとらえる必要はない。

外国企業、合弁企業にも例外なく共産党細胞がある。国有企業では党書記がいて、仕事は無能だが、社長より偉い。国有企業というより党営企業である。企業の内部に「人民武装部」を設置した企業が数十社あることが判明した。英紙『フィナンシャル・タイムズ』やインドの『ザ・タイムズ・オブ・インディア』などが二月二一日付けで一斉に伝えた。

日本との合弁企業のなかにも人民武装部が設置されていた。習近平の強迫観念ともいえる軍事体制構築の「企業内再編」だが、ボランティアの社員で組織され、中国共産党への服従は絶対だ。人民解放軍の指揮下に位置づけられ、「軍事訓練」や「政治教育」などを企業活動の一環として行われる。

ボランティアとは名ばかりで、いやいやながらノルマをこなしているのが実態だろうと想像できる。企業活動が暇になったからに違いない。繁栄し、多忙をきわめていたら軍事訓練など社内でやっていられるか！

某社ではボランティア社員が「民兵」に早変わりし、三〇人余が参加していたのである。中国進出の際に求められる「合弁」の形態は、中国側が五一%、日本側が四九%という組み合わせが多く、社内の管理は中国人が担当するため内部で何が行われているのか、日本側は把握できないのである。

日本企業ばかりか、中国に進出したドイツ大手企業のなかにも人民武装部の存在が明らかとなった。

中国経済は「ゾンビ・エコノミー」

「死んだはずの死体が腐ったままで甦る」。それがゾンビだ。

ルーツはブードゥー教で、語源はコンゴの神「ンザンビ（Nzambi）」に由来する。ハイチではいまもブードゥーが信仰されている。ゾンビの中国語訳は「蛇神」、あるいは「喪屍」。日本語訳をあえて探せば「活性死者」か。

中国映画や漫画でゾンビは普遍化し、二〇二二年一月二四日のＳＮＳではゾンビの撮影に成功した映像（フェイクだろう）がＴｉｋＴｏｋを通して世界に流れて社会問題となった。近年の中国は若者が大量に失業し、階段で転げたまま寝込んだり、公園でうつぶせで寝たりする不作法な行為が増えた。これを「ゾンビスタイル」と言うようになった。

倒産しているのにしぶとく営業している不動産デベロッパーの恒大集団や碧桂園がすべてを象徴する。不動産デベロッパーが軒並み外貨建て社債の利息も支払えないのだから「デフォルト」は明らかだが、中国では正式には倒産として扱われない。これぞゾンビ企業、そして中国経済とは妖怪のような企業がのたうつ「ゾンビ経済」である。ゾンビだから不思議でも何でもないと思えばそれまで。まじめに考えると損をするぞ。

経済成長が明らかに停滞しているのに、ＧＤＰは成長していると夢遊病のように喧伝する国家統計局は〝三割水増し〟が常識であり、「公式統計は信用に値しない」と明言したのは李克《りこっ》強《きょう》前首相その人だった（上海のプールで急死した李克強元首相は暗殺されたと殆どの中国人が思っている）。

たとえば、二〇二三年一月〜一一月の不動産投資はマイナス九％台だという。そんなに低いはずはない。マンションは随所に建ったけれど殆どが空き屋。二〇二四年二月現在、工事中断が三五〇万戸以上ある（中断物件だけで完成後の幽霊マンションは数え切れない。一説に三〇億人分だと言われているると『日本経済新聞』が伝えた）。マンションの販売はほぼ九〇％落ち込んでいる。投資対象別でみると、住宅＝マイナス九％、オフィスビル＝マイナス一〇％、商業ビル＝マイナス一六・九％。失業率は都市部失業率が五％だそうだ。二〇二三年七月に若者の失業が二一％台として以来、二〇二四年一月まで発表はなかった。真相に近い若者の失業率は五〇％近い。

最も奇っ怪なのが株式市場である。経済が不況どころか苦況に陥ったのだから、株価はもっと下がる、というより暴落するはずなのに、中国の株式市場はそれほど下落していない。

なぜか？　国家安全部が厳重に「空売り」を監視し、「金融安全の強力な守護者になる」と共産党が指令を出しているからである。共産党は現状を「一部の外国と投機筋があらゆる手段を用いて中国の金融市場を撹乱し、空売りを繰り返し、我が国における金融の混乱を引き起こ

李克強

そうとしている」と分析している。自らの責任を棚に上げて他人の所為に、それも陰謀論にすり替えているのだ。

経済議論でも真実を言う人はいなくなった。なぜならSNSで、「中国衰退」と言えば秘密警察がすぐに取り締まるからだ。エコノミストは本当のことを言えない状態である。

国家の経済運営と無関係の国家安全部（秘密警察組織）は「経済安全を守る壁を築こう」という論評を公式HPに掲載した。「中央経済工作会議の精神」を受けて、国家安全部も「全力をあげて中国経済の安全を守る」ことにしたのだという。

国家安全部は、「中国経済をおとしめる動きがネット上で飛び交うが、本質は『中国衰退』という虚偽の言説をつくり上げ、中国の特色ある社会主義体制を攻撃し続けることにある。こうした論調は『国家の経済安全を危害する』として徹底的に取り締まる」とした。『サウスチャイナ・モーニング・ポスト』（二〇二三年一二月二三日）によると、同年四月にネット上の三万四〇〇〇のアカウントを閉鎖し、二万七〇〇〇件の噂情報を審査し、対象は六三〇〇人に達したそうだ。

外国の所為で株価が下落しているなど子供だましの嘘放送にすぎない。しかし朝から晩まで一年三六五日嘘放送が繰り返されている中国では、ものごとを深く考えない人には「そうか、外国の陰謀なんだ」という偽造の論理が通じやすいのである。

中国のSNSは洗脳装置となった。

GDPの三割水増しは中国の常識、それでも世界二位だが

世界第二位の経済大国＝中国。ならば「一人あたりのGDP」で中国は何位だろうか？

『グローバル・ファイナンス』誌の二〇二三年末の調査では世界一の金持ち国（一人あたりのGDPで計算）はルクセンブルグ。二位以下はシンガポール、カタール、マカオ、UAE、スイス、ノルウェー、米国、サンマリノ。さらに一一位からはブルネイ、香港、デンマーク、台湾と続く。日本はといえば三八位、ロシアが六〇位、中国は七七位である。GDP世界第二位の中国の実態が七七位とは経済大国中国とは凄い乖離だ。

習近平政権は三期目に突入して最高指導部のメンバーが代わった。

しかし中国政府の産業政策の途方もない野心と、それを実現する能力との間には大きな乖離がある。まさに中国的なギャップが多くの分野に拡大していた。

「ジニ係数」というのは上位一％の富裕階級がその国の富をどれほど寡占しているかのインデックスだ。たとえば中国の〇・四という数字は、一四億国民の一％、一四〇〇万人が中国の富の四〇％を握っているという凄まじい貧富の世界を明示している。米国は〇・三九、日本は〇・二二程度である。

ニクソンは米中関係を劇的に修復したが、晩年「我々はとんでもないフランケンシュタインをつくってしまったのか」と言った。軍事脅威、アメリカの覇権を脅かすほどの存在となった。そしていま〝フランケンシュタイン〟は、のたうち回る末期症状を示し、まさしく「ゾンビ」となった。

「上に政策あれば下に対策あり」が中国社会の特質である。政府が決めた政策を推進するために補助金がつくと聞きつけると、どっと群がって「起業家」を名乗る人たちが激増する。それも党幹部とのコネで補助金をつかみ合い、あるいは補助金を獲得するために幽霊会社をでっち上げるのだ。

先進国は中国の産業政策を競争上の脅威と認識しがちだが、たとえば風力発電、太陽光発電の無残すぎる結末をみても明らかなように、補助金をみごとに食い潰した。風が吹かなければ発電機のプロペラは回らない。太陽光発電は雨が降れば機能せず、雪が積もれば故障する。パネル技術こそ、中国企業が安価に作れるようになったが、あちこちの太陽光パネルは送電線に繋がっていなかったりする。中国でも日本でもケーブル盗難事件が頻発した。

この政策と実際の現場のギャップは、次にEV自動車に現れるだろう。


「中国の特徴ある社会主義市場経済」なるものは何だったのか。

当初、中国の産業は国家中心の純粋なソ連型の計画経済のもとで運営された。つまり常識的な産業政策ではなく、絶対服従の権威ある命令で無謀なことを実践したのだ。

ソ連型の計画経済の失敗と、以後の日本の産業政策が中国に与えた悪影響は甚大である。中国政府による絶対的な管理を基軸とする経済管理システムを構築し、金利から為替まで専門機構はあっても、たとえば中央銀行の最終決定権は総裁にはなく、党委員会がすべてを決めた。

ある時点までは幾ばくかの「後進性の利点」を持っていた。WTOの特典を中国はフルに利用できた。しかも中国経済が資本、技術、熟練した経営者の不在、エンジニアの深刻な不足に直面していた時代ですら不思議と成長が続いた。外資が手助けをしたからだ。

簡単な機械や部品、組み立て作業を請け負う中国は、外国企業にとって便利な存在だった。中国が「世界の工場」と言われたのも賃金の安さが魅力だったからだ。

鉄鋼も自動車もプラスチック成形も化学も製紙も、それこそ段ボールの作り方から墓石の削り方、エビや鰻の養殖技術まで、日本はせっせと中国に運んだ。やがてそのブーメランの逆襲があることを認識していなかった。

二〇〇六年から国家中長期科学技術発展計画大綱の導入があり、中国の産業政策の軌道は大きく変わった。ついで「中国製造2025」が発表され、先進国に追いつけ追い越せの合い言葉となった。

中国の得意技はリバースエンジニアリングで、サンプルだと偽って輸入した機械を解体し真似をする。偽造品を作る。中国企業が得た補助金、研究開発支出、特許取得、生産性、収益性に対する効率化などは「中国製造2025」の政策によるものだった。

二〇二三年一二月二六日、「建国の父」などと持ち上げられた暴君＝毛沢東の生誕一三〇年の記念日を迎えた。習近平国家主席は人民大会堂での記念座談会で、「毛同志の崇高な精神風格は永遠に我々を前進させる強力な原動力だ」としたが、毛が発動し国内を大混乱に陥れた文化大革命には言及しなかった。

毛沢東

ところが中国で子供たちの教育教材に生成AIを導入したところ、機械は自動的に毛沢東批判を展開し、共産党を慌てさせた。なにもかもがこれほどちぐはぐで、全体主義国家なのに全体の整合性がない。

巨大化したゾンビの暴走と潰乱は中国国内だけでは収まらず、世界経済を攪乱することになる。

台湾から中国への投資は一九九一年から二〇二三年までにじつに四万五五二三件、総額で二〇六三億七〇〇〇万ドルに達していた。下表は年度の投資額と、そのシェアを日本との比較で一覧したものである。

年度	台湾の対中投資	日本の対中投資
2010	1462億ドル（台湾企業海外投資の83.8%）	-
2011	1438億ドル	394億ドル
2012	1279億ドル	334億ドル
2013	919億ドル	404億ドル
2014	1028億ドル	434億ドル
2015	1097億ドル	350億ドル
2016	967億ドル（44.4%）	140億ドル
2017	925億ドル	425億ドル
2018	850億ドル	562億ドル
2019	417億ドル	563億ドル
2020	594億ドル	370億ドル
2021	586億ドル	639億ドル
2022	505億ドル	362億ドル
2023	304億ドル（11.4%）	-

（出典：中華民国・大陸問題委員会・日本財務省）

一九九〇年代から二〇〇〇年代初頭の中国投資はトップが香港、二位が英領バージン諸島、三位が日本だった。次いで米国、台湾は七位から八位でしかなかった。

香港は全世界の華僑の投資の経由地。英領バージン諸島は中国からの逃避資金が「外国籍」となって中国へ環流するからである。

二〇〇〇年代から二〇二〇年代になると、台湾からの投資が爆発的となった。そして二〇一六年頃からは撤退が目立ち始める。一覧の比較を見ると鮮明に台湾企業の中国投資の意欲減退ぶりが現れている。中国の台湾向け軍事行動や威圧ばかりか、大陸に工場を出しても、賃金の高騰と中国人社員の勤務態度の悪さ、横領、詐欺に嫌気したのである。台湾企業で大型投資継続は鵬海精密工業など数えるほどになった。それでも鵬海精密工業(フォックスコム)の場合、あまりにも大陸内部で手を広げすぎたため、撤退することは困難な情勢に陥った。

「世界一住みやすい日本」を移民侵略しようぜ

日本支配を狙う中国共産党の尖兵が在日中国人、あるいはすでに帰化した中国人工作員だ。

その数は、帰化人をのぞいても七六万人！　すでに日本列島のあちこちに「中国人居住区」がある。全員がスパイではなく、ごく少数だが日本に溶け込もうと汗を流す中国人もいる。

沖縄の離島を購入した中国人女性がいた。国家の研究機関に巣くう学術スパイがいる。日本国内に中国公安の闇警察がある。栃木県小山市には「中国農場」があって、横浜中華街には中国人経営の激安八百屋、埼玉県川口市にチャイナ団地……列挙すればキリがないが、いまどうなっているか。中国人工作員はいま、いかなる陰謀を展開しているのか。

中国の「静かなる日本侵略」の現場に飛んで積極的な取材を重ねたルポは佐々木類著『移民侵略　死に急ぐ日本』（ハート出版）だ。中国の静かなる日本侵略をえぐっている。日本政府が推進してきた移民政策の間違い、外国人土地所有法改正、改正入管法の問題点が浮き彫りになった。

それにしても中国の資本、土地買収、爆買いを歓迎した日本人、中国からの移民を促進する日本政府は頭がおかしいのではないか？

いま日本が相手にしているのは「共産党の意向がすべてに優先する『国家レベルの反社会勢力』」なのである。

賃金が安いからと深く考えることもなく中国と合弁を組

『移民侵略　死に急ぐ日本』佐々木類（ハート出版）

んだら、当てがはずれ、撤退しようにも税金だとか、労働条件とかの難癖をつけられ、「官僚主義的な小役人に窓口レベルで小突き回され、賄賂を要求された挙げ句に『身ぐるみ脱いで全部置いていけ』となる」（前掲書）のがオチだ。

無国籍に陥り、国家利益は顧みないメディアがグローバリズムを煽り、それを真に受けた軽佻浮薄の政治家は、なんと中国企業系列にパーティ券を買って貰っていた。チャイナの買弁政治家が目立つのには、こうしたカラクリがあった。外国人の土地所有規制は、大正時代に制定された「外国人土地法」の活用で切り抜けられた。しかし「仏《ほとけ》つくって魂入れず」。実効性を高める政令を制定せずに戦後のどさくさで廃止された。

だが、これを補うかのような法律が戦後日本に存在している。昭和二四年に制定された外国人の財産取得に関する政令五一号では「外国人や外国資本による財産取得に関して制限をかけることが出来たのである」（前掲書）

当該財産とは土地、建物、工場、事業所、財産の賃借権、使用貸借に基づく借り主の権利、地上権、著作権だった。しかしながら、これも国会で審議されないまま昭和五四年に廃止されていた。

移民については「欧米の悲鳴」を聞いたほうがいい。人道的見地から無制限に受け入れた結果、ドイツではゲルマン精神は破却され、婦女子が強姦されてもメディアはあまり報道しない。フランスはフランス人の国でなくなろうとしており、米国では移民による犯罪が急増し、治安が極度に悪化した。いまでは移民反対の声が多数派となった。

移民促進派がリベラル、人道主義であり、移民に反対もしくは規制強化を唱えると「排外主義」「レイシスト」と批判されてきた。脳幹が左翼ウイルスに侵された結果である。

しかし「中国系移民は、移住先で出身地や宗族単位で強い絆で結ばれた共同体をつくる。自分たちが住んだ場所が『中国である』とばかりに受け入れ国の慣習に関心を持たず、聞く耳を持とうとしない例もある」（前掲書）。

このまま日本は自死するのか、目覚めるのか。

そろそろトランプ元大統領のように、あるいはオルバン首相のように、「移民を追い返せ」と主張する政治家が出てきてもよいのではないか。

日本政府の枢要な官庁の機密データが殆ど中国にハッキングされていると日本政府は米国から警告を受けた。

北朝鮮のハッカーの暗躍はよく知られているが、直近の情報ではパキスタンのハッカー集団までが攻撃に最も脆弱な日本を狙いだした。二〇二三年一〇月一六日に自動車バネの大手メーカー・中央発條の工場で爆発事故があり、トヨタへのバネ供給が止まった。バネ一つでトヨタは八つの工場の操業を止めた。再開に漕ぎ着けたのは六日後だった。

過去にも一九九七年にアイシン精機工場が火災に見舞われ、トヨタの全工場が止まった。二〇一六年には愛知製鋼で爆発事故があり、六日間、工場が止まった。二〇二二年には小島プレス工業がサイバー攻撃を受け、トヨタの全一四工場すべてが操業停止となった。

ペンタゴンの直近の中国軍事力レポート（二〇二三年一〇月一九日）には、中国のサイバー攻撃を受けると全米のガスパイプラインが止まり数週間復旧に要することになると警告している。日本は自衛力の強化策だけではなく、こうしたソフト面での安全保障体制をしっかりと構築しなければ手遅れになる懸念が大きい。

ともかくサイバー防衛に関して、台湾は米国、インドと協力し、中国のサイバー攻撃に対して防衛戦略策定のモデルを追求している。

インドの台北経済文化センター（事実上のインド大使館）、ニューデリーの米国大使館、ニューデリーに本拠を置くシンクタンク「インド統合サービス協会」は二〇二三年師走にインドの首都ニューデリーでサイバーセキュリティに関する世界協力・訓練枠組みを目的とする作業部会を開催した。

インドも、中国との軍事的な緊張の高まりにより、ハッカー攻撃に晒されている。台湾の先進的なサイバーセキュリティ対策が極めて重要になっているのだ。ボイス・オブ・アメリカ（VOA）は、中国のサイバー攻撃に対抗するために米国と台湾と協力することはインドにとって「珍しい行動」であるとし、当該作業部会は「サイバーセキュリティにおける重要な対応」と評価した。

具体的な討議内容は明らかにされていないが、三カ国が脅威に対処するための資源を蓄積し、情報の共有により、一貫したサイバーセキュリティ基準を確立し、侵略的なサイバー活動に対する戦略的抑止力として機能させるということであろう。

この報道で不思議なことがある。

お気づきだろうが、サイバー攻撃の脅威に晒されている日本がこれに参加していないことである。

アメリカが中国を甘やかしたのだ

シカゴ国際問題評議会は、過去三〇年、中国に対するアメリカ人の認識度を大がかりに調べ、世論調査を発表してきた。

その結果、「中国が知的財産権を盗んでいる」とするアメリカ人は六五％。「台湾問題で中国の軍事的脅威」が五八％、「米中の経済戦争への懸念」が五二％、「サプライチェーンの分断が悪い影響を持つ」とするアメリカ人が四九％、「中国はすでにアメリカを超えた」と認識するのが三二％ということが分かった。

「これは過去三〇年で最も悪い数字で、アメリカ人の対中国認識が劇的に変化したことを表す」と同会はまとめた。

バイデン政権は中国に対して口では強硬姿勢を堅持しつつ、実際にはザル法を制定し、イエレン、ブリンケン、レナード、ケリー等閣僚級を次々と北京へ派遣して対話を展開してきたが、なに一つ成果は上がらなかった。ハイテク機密は盗まれ続けた。

サンフランシスコで開催されたＡＰＥＣ（二〇二三年一一月一六日～一七日）を利用した米

中首脳会談はいったい何だったのか？

不法移民、フェンタニル、台湾、知的財産権、人権で一つの合意も成立せず「継続的対話が重要」という点で意見の一致をみたなどとして、「失敗だった」とする総括を誤魔化した。

米連邦議会下院に二〇二三年一月に発足した「中国特別委員会」のマイク・ギャラガー委員長は海兵隊として二年イラクで闘った経験がある。「スパイ気球問題のケリがついていない。台湾防衛の具体的計画が必要」とする一方で、「徒《いたず》らに中国を敵視するのではなく同盟国との協議が重要になる」とした。ギャラガーは議員団を率いて二〇二四年二月にも訪台し、頼清徳《らいせいとく》らと会談した。背景には急速に世界に広がった中国不信がある。二〇二三年夏頃から中国西北部などで「原因不明」の肺病、とくに児童の呼吸器疾患の急増、病院の混乱ぶりが報じられていた。一一月一三日になって中国当局は呼吸器疾患の原因を照査していると認めた。

中国保健当局は「新たなウイルスや細菌は見つかっていない」としつつも、感染対策の徹底を呼びかけた。各地で子供たちの受診が目立ち、「気管支炎や肺炎に悪化する場合もある」としたが、細菌系が原因とされた。一一月二六日に、国家衛生健康委員会は記者会見を開き、「インフルエンザが中心だ」と説明した。

同時に「インフルエンザ以外の病原体による疾患も確認された」として、

●一歳から四歳では通常の風邪ウイルスの「ライノウイルス」
●五歳から一四歳では発熱や咳などの症状が特徴の「マイコプラズマ肺炎」
●一五歳から五九歳では新型コロナウイルスなどが、それぞれ一定程度みられるとした。
一二月一日、米連邦議会上院でマルコ・ルビオ議員らが「中国への渡航禁止措置が緊急に必要だ」とする意見書をまとめた。日本でも渡航禁止の声があがった。

スパイ気球、スパイの巣窟＝孔子学院、中国が仕掛けるアヘン戦争はフェンタニル。ところがもっと悪辣《あくらつ》な試みが暴露された。

カリフォルニア州に中国が非合法で運営していた地下バイオ研究所が見つかったのだ。二〇二三年一一月にカリフォルニアで発見されたバイオラボにＨＩＶとエボラの細菌がみつかり、次は疫病をまき散らす計画かという疑惑が広がった。

アシュリー・ヒンソン下院議員（共和党、アイオア州選出。「中国問題委員会」所属）は「中国の違法バイオラボが発掘され、当局者と請負業者がＣＤＣ（米国疾病予防管理センター。ジョージア州アトランタに総合研究所）の命令で廃棄物捜査中に「ＨＩＶ」と「エボラ」とラベルされた病原体を発見した」と驚くべき事件のあらましを語った。

この不法ラボがＨＩＶとエボラの細菌を保管していたとなると、次は疫病をまき散らすバイオ戦争を準備していたのか？

二〇二三年一一月一九日、ヒンソン下院議員は、「ＦＯＸ＆フレンズ・ウィークエンド」に出演し、「まるでホラー映画の脚本のようだ」と語った。この不法ラボの背後にいた朱《チュー》家倍《チャバイ》容疑者（音訳による）は中国国籍で、カナダから指名手配され、逃亡中だった。ヒンソン議員は「彼がどのようにしてこれらの病原体を入手できたのか知りたい。彼はどうやって研究所を運営し、中国共産党から数百万ドルを送金してもらい、そして明らかにアメリカの知的財産を盗んだうえ、米国から逃れられたのか」。

アシュリー・ヒンソン

朱容疑者は数百万ドル相当の知的財産を盗み、中国と繋がる犯罪組織の一員であったと報告し、こう続けた。「中国が絶えず我々を弱体化させるためにあらゆる手を尽くしていることを我々は知っている。我々が備えを万全にするためにやるべきことがいくつもある」

〝反中国ムード〟が席巻する米国だが、赤字国債を印刷し続けているため、財政赤字も凄いことになっている。

金融的に健全さを回復できないと衰退一途《いちず》の中国を嗤ってはいられない。

二〇二四会計年度（一〇月一日〜）開始から僅か二カ月たらずで、米連邦政府は三八〇五億八〇〇〇万ドルの赤字を抱えた。歳入は同期に二四七八億三〇〇〇万ドルだった。

バイデン政権は一一月だけで五八八八億四〇〇〇万ドルを使い果たし、前年比で一八％増加した。米国の債務は九月一五日に三三兆ドルを超えていたが、同年一二月一三日時点で、国債の赤字額は三三兆八五〇〇億ドルになった。

ムーディーズは米国政府信用格付けを「安定的」から「ネガティブ」に引き下げた。つまり中国と同じ「投資不適格」というレベルである。一一月だけの国債利払いが七九九億二〇〇〇万ドル。月平均の国防予算、メディケア予算を上回った。

FRBは連続して金利を上げてきたため二〇二三年度の利払いは総予算の三五％以上に達した。こうした状況にあるにもかかわらず米国上院は一二月一三日、国防権限法を可決した。米国の国防費は八八三七億ドル（一二七兆円）、日本の二〇二三年度の防衛予算は六兆八二一九億円だから米国は日本の一九倍弱のカネを国防にぶち込んでいることになる。

同日に下院議会がバイデン大統領の弾劾調査開始を正式に開始した。

カリフォルニア州知事のギャビン・ニューサムは同性婚を認める進歩派だ。二〇二二年五月に「カリフォルニア州は黒字です。九七〇億ドルの黒字が見込まれるのですよ」と胸を張っていた。

州政府の債務は七五七〇億ドル、ペンションの赤字が八八二〇億ドルと見積もられ、カリフォルニア州は過激左翼と不法入国で一・六兆ドルの負債を抱えていることが分かった。ペンションは基金が七七〇億ドルで、軍人恩給、公務員年金の支払いが続くから、基金はとうに食い潰し、これからは金利のかかる、裏付けのない支払いが続く。つまりインソルバンシー（債務超過）状態になる。カリフォルニアの失業率は五・七％、これは全米最悪である。不法移民、麻薬、治安悪化でシリコンバレーからIT企業が次々と本社を移転し、またテレワークとなったので夥しい数のエンジニアたちが、家賃の高いシリコンバレーのマンションを引き払い、アリゾナ、テキサス、フロリダ州へ逃げ出した。

コロナ禍以後、NYCからは六三万一一〇四名が去った。

イリノイ州からは二六万三七八〇名が他州へ移住した。カリフォルニア州から五七万三〇一九名が去った。

「パンダハガー」の大物、キッシンジャー神話が消えた

一九七一年当時、米帝国主義打倒を叫んで、世界に孤立していた中国に「利」を説いて近づき、反米路線を大胆に修正させたリアルポリティックスの体現者はヘンリー・キッシンジャーだ。

その北京秘密訪問がやや劇的だったので、米国外交の立役者と過大評価された。実際、ホワイトハウスの対中影響力よりキッシンジャーの立場は強かった。一九六九年から一九七七年までの八年間、米国外交の舵取りを担った。ロックフェラーの外交顧問だった彼を政権に招き入れたのはリチャード・ニクソン大統領だった。ニクソンとキッシンジャーが、外交で重視したのはリアリティであり、モラルやイデオロギーより優先し、力の均衡で冷戦構造を形成した文脈では戦後米国外交の立役者である。

ところがFBI工作でウォーターゲート事件のスキャンダルに襲われたニクソンがレイムダック入りしたとき、キッシ

ヘンリー・キッシンジャー

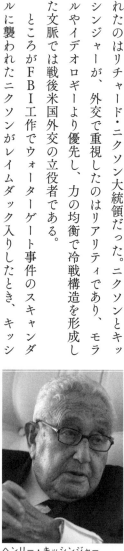

ンジャーはするりと外交の主役の座をもぎ取っていた。

彼は従来の歴史学に重点に置いて学説、地政学の伝統に囚われてきた外交を、リアルポリティックスの実現に結び、米中関係の回復、ソ連の孤立化を導き出した。これは元来、ニクソン大統領の発想だったが、北京秘密訪問を演じたキッシンジャーにスポットがあたった。

当時、『ニューヨーク・タイムズ』にでた風刺漫画を筆者は鮮明に記憶している。

ニクソンとキッシンジャーがホワイトハウスの庭を歩いている。柵外からみていた見物人が言う。「ところでキッシンジャーの隣にいるのは誰だい?」

キッシンジャーは泥沼にはまっていたベトナム戦争を早期終結させるため、ラオス、カンボジアのホーチミンルートに秘密爆撃をなして圧力をかけ、ベトナムと交渉し、停戦をもたらした。ノーベル平和賞を受けた。

「和製キッシンジャー」と言われた若泉敬（佐藤栄作時代の沖縄返還の密使）は、「キッシンジャーの著作に書かれたことを信用するな」と言っていた。

キッシンジャーは中東和平でもエジプト、シリアを説得し、中東地域の秩序と安定を優先させたが、最大の成果はサウジアラビアとの密約で「ペトロダラー体制」を構築したことである。

一方でキッシンジャーはチリの軍事クーデターへの介入など暗い面も多く、セイモア・ハーシェ、オリバー・ストーンなどはキッシンジャーを「戦争犯罪人」と呼んだ。ニクソンを継いだジェラルド・フォード政権下で引き続き米国外交を担い、「中国は一つ」という幻影をつくり上げたのはキッシンジャーだ。北京訪問は一〇〇回を超えたが、台北へは一度も足を踏み入れなかった。〝中国の代理人〟の面目躍如だ。

「台湾問題は解決不可能。戦争を避けるには時間の経過を待って、米中の話し合いでしか前進はない」などと台湾を不快にさせる発言が連続した。台湾がキッシンジャーを評価しないのも当然である。

一九七七年に理想主義を掲げたジミー・カーター政権が誕生すると、キッシンジャーは晴れ舞台を去った。代わって安全保障担当の大統領補佐官となったのはポーランド系ユダヤ人のズビグニュー・ブレジンスキーというグローバリスト、中国礼賛学者だった。

ロナルド・レーガンは「キッシンジャーとフォードのもとでこの国は、二番手になることは致命的ではないにしても、危険な世界で、軍事力で第二位になった」と指摘した。米国の保守派はキッシンジャーを首肯していなかった。一九八一

ロナルド・レーガン

年から一九八九年までのレーガン政権では、キッシンジャーは共和党主流派から遠ざけられた。レーガンの支持者の多くがキッシンジャーを蛇蝎《だかつ》の如く嫌った。「反共」の信念が希薄だからだった。このため彼はロビィ活動と著作活動で、外野席からの影響力を保持した。

キッシンジャーは一九八二年に親中ロビィ団体「キッシンジャーアソシエイツ」を設立し、スコウクラフトら歴代大統領補佐官を政権中枢に送り込み、事実上の中国外交を舞台裏で担う。最大の顧客は北京だった。

米国外交は道を誤った。キッシンジャーが「中国の代理人」だったことを忘れてはならないだろう。中国はキッシンジャーが訪中すると特別待遇で報い、二〇二三年五月の一〇〇歳の誕生日にはわざわざ王毅《おうき》外相がニューヨークの国連本部に近いキッシンジャーのオフィスに挨拶に訪れ、同年七月の訪中でも習近平がじきじきに会った。

中国が軍事大国としてのし上がり、アジアの脅威となると、対中国スタンスを徐々に変えたのはオバマ政権後半からだった。だが、オバマ政権は外交的手腕のないブレーンで周りを固めたため、大胆な方針の切り替えはできず、トランプの登場を待たなければならなかった。

トランプは就任前にキッシンジャーをニューヨークのトランプタワーに呼んだ。しかし彼の言うことを「聞き置く」だけで、はっきりと安全保障方面では中国敵対路線に切り替えた。この基本方針だけはバイデンも踏襲した。つまりトランプ政権誕生でキッシンジャーの神通力は消えていた。

キッシンジャーが拘わった各国は如何なる反応をしたか？

中国は「中国を理解した最大の友人を失った」とし、「米中時代の終わり」という論調が華字紙に溢れた。

インドは「彼は一度、インドを蹴飛ばし、やがて近寄ってきた」（『ザ・タイムズ・オブ・インディア』、一二月一日）と評価は冷たい。

イスラエルは「ユダヤ人ならびにイスラエルにとって、キッシンジャーは英雄であり、また悪人である」（『ハーレツ』、一一月三十日）

米国は「毀誉褒貶甚だしいが、彼が冷戦構造を形成した」（『ニューヨーク・タイムズ』）

「権力こそが最大の媚薬であると信じた世界情勢の巨人」（英紙『タイムズ』）

キッシンジャーは反日家だった。日本での講演はべらぼうな額をふっかける「商売人」の側面が強くあった。それはともかくとして、現在のブリンケンもサリバンも最後のパンダハガーの威圧的風圧に比べるとその力量たるや、軽いものだ。小説家・平林たい子が中曽根康弘を評して「鉋屑《かんなくず》のように軽い」としたが、バイデン政権における米国外交の担い手たちの軽きこと！

ならばロシアはいかなる反応を示したか？

『モスクワ・タイムズ』は次のように報道した（一一月三〇日付け）

「キッシンジャーは、冷戦時代に米国のソ連との緊張緩和の主要な立案者として、米国の外交政策だけでなく、ロシアの外交政策にも消えない足跡を残した。ウクライナ戦争中、ロシアと米国の対立が激化していることに深い懸念を表明する一方で、途中からウクライナのNATO加盟支持を（二〇二三年五月から）主張するようになった」

英誌『エコノミスト』でキッシンジャーは語った。「両国間の制限のないパートナーシップの公式宣言にもかかわらず、北京とモスクワ双方での相互軽蔑を感じた。私は中国について良いことを言ったロシアの指導者に会ったことがない。そして、ロシアについて良いことを言った中国の指導者に会ったことがない」

キッシンジャー路線とは距離を置く情勢の流動化のなか、米国の「レーガン基金研究所」が一一月三〇日に発表した世論調査では「中国が台湾侵攻した場合、アメリカ国民の七二％が台湾独立を支持する」とした。

第六章
世界中で怪しくて妖しい出来事

軍事政権のミャンマーで本当は何が起きているのか?

「ミャンマー軍＝悪」「民主活動家＝善」とする二元論では、世界政治の裏側を知ることはできない。

アウン・サン・スー・チーを西側メディアは一時期褒めあげていたが、ある日を境に罵倒《ばとう》に転じ、「スー・チーからノーベル平和賞を取り上げろ」と叫びだした。西側メディアは自分たちの価値観に相反すると相手をくそ味噌に叩く習性がある。とくに西側の大手メディアは左翼的で、投票箱民主主義至上史観だから、本質的なことが見えていない。

二〇二一年二月、ミャンマー国軍はクーデターに打って出た。ところが、ミャンマーの民衆が想定外に強く反発し、「民主主義を蹂躙《じゅうりん》した」と叫んで大規模な抗議集会が開かれた。抗議デモに対して軍が出動し、多くの死傷者がでた。欧米の

アウン・サン・スー・チー

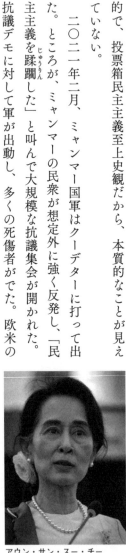

傀儡と言われたスー・チーを今度は同情的に報道した。鼓舞されて、力を得たと錯覚した彼らは鮮明に反政府の旗を掲げた。

正義はどちらにあるのか、よく分からない政権運営が続いた。ちなみに二〇二一年のミャンマー経済はGDPがマイナス一八％、通貨は暴落し、庶民は生活苦に喘《あえ》いだ。

クーデターから三年余を経過した。欧米のメディアの〝複写機〟である日本のメディアは「国軍＝悪」vs「民主主義団体＝善」のスタンスを依然として維持している。スー・チー政権のときにロヒンギャ七〇万人をバングラデシュへ追い出すと、欧米メディアは一斉にスー・チーを「人種差別主義」「ノーベル賞を返還せよ」と猛烈な批判に転じたが、日本はそのままスー・チー贔屓《びいき》。まっしぐらにミャンマー国軍を批判した。

この価値基準は「イスラエル＝悪」vs「ハマス＝善」、「ゼレンスキー＝善」vs「プーチン＝悪」と、リベラルな西側政治家やメディアがつくり上げたフェイク図式に酷似している。ほんとうにミャンマー国軍は悪魔なのか？

ミャンマーの社会構造は宗教を抜きには語れない。仏教徒が九〇％を占め、しかも上座部仏教（小乗仏教）である。僧侶が八〇〇万人もいる。軍隊は徴兵制で四三万人（実態は一五万に激減）。つまりこの国は軍と仏教世界との融合で成り立っている。軍は元来、エリート集団とされ、国民からの信頼は厚かったのだ。それが次第にモラルを低下させた。徴兵ゆえに軍事訓練は十分ではなく、そもそも戦意が希薄である。愛国心に乏しい。

　軍のクーデターは伝統破壊の西欧化に反対した政治的動機に基づく。単なる権力奪取ではない。つまり「西郷軍が勝って、近代化をストップした」ような政治図式となるのだが、現在のミャンマー軍（ミン・アウン・フライン司令官）はといえば、「西郷隆盛なき西郷軍」である。権力は握ったものの何をしていいのかさえ分からない錯乱状態にある。

ミン・アウン・フライン

　軍人は経済政策が不得手だ。コロナ対策で致命的な遅れをとり、猛烈インフレに襲われても、適切な対応ができなかった。その結果、外資が去り、自国通貨は紙屑に近くなり、闇ドルが跋《ばっ》扈《こ》した。国民は外国で反政府活動を活発に展開する。こうなると山岳地帯で鳴りを潜めていた少数部族の武装組織が蠢動《しゅんどう》を始めた。

　西郷の西南戦争は「道義国家」を目指し、挫折した。戦略を間違えた、というより、勝利を計算に入れずに憤然と立ち上がったのだ。佐賀の乱、神風連、秋月の乱、萩の乱から思案橋事件が前哨戦《ぜんしょう》だった。城山で西郷は戦死、直前に木戸孝允が病没、大久保利通暗殺が起こり、明治新政府は「斬新」な政策を実行に移した。しかし行きすぎた西洋化、近代化。その象徴となった「鹿鳴館」に反対して国学派が復興した。

ミャンマーの仏教鎮護国家の復活が国軍指導者の目的だった。しかし彼らは広報という宣伝戦で負けた。宣伝下手は日本と同じである。

ミャンマーの都会では若者たちが西洋民主主義に憧れ、グローバリズムに汚染され、民族衣装を捨てた。西洋化は敬虔なる仏教徒の国ミャンマーにおいてすら進んでいた。

隣の国のインドでは、巨大なモスクを破壊し、その跡地に大きなヒンズー寺院を建立した。竣工式にはナレンドラ・モディ首相自らが出席した。

ミャンマー国軍に思想的指導者は不在。だからこそ国軍は仏教の高僧を味方にしようとしてきた。しかし、国内的に厄介な問題は同胞意識の欠如である。そのうえ山岳地帯から国境付近には少数民族各派の武装組織（その背後には中国）が盤踞している。中国はミャンマー国軍政府と「友好関係」を維持しているが、背後では武装勢力に武器を供給している。

主体のビルマ族は七〇%。カチン、カレン、モン、シャン、カヤ族と、それぞれ少数の武装組織が国軍と銃撃戦を展開しているものの、反政府での連立は稀である。各派はお互いが疑心暗鬼になっている。カチン、カレン、モン族はラオス、カンボジアにも分散しており、ラオスでのモン族は米軍について共産主義と闘った。敗戦後、一七万人のモン族が米国へ亡命した。嘗て国をまとめたミャンマー君主はいない。英国が廃帝にしたのだ。

二〇二三年一〇月二七日、ミャンマーの反政府武装組織が初めて三派共闘し、シャン州北部で「国軍」と戦闘。驚くべし、国軍が敗走した。国軍兵士数百人が白旗を掲げた。中国の秘密裏の仲介で停戦状態となったが（二〇二四年一月二六日現在）、ミャンマー民族民主同盟軍（MNDAA）、タアン民族解放軍（TNLA）、西部ラカインのアラカン軍（AA）の「三派」の共闘はこれから「連立」となるか、どうか。

この三派以外にも不明の武装組織がある。なかにはギャング団、麻薬シンジケートも武装している。なにしろミャンマーは、五つの国と国境を接し、一三〇の少数民族がいるのだ。国境問題の複雑さが問題をさらに複雑にする。ミャンマーが国境を接しているのは、インド、中国、ラオス、タイ、バングラデシュである。地域によっては少数民族が多数派となる。

二〇二四年五月四日、ミャンマーは男子の出国を一時的に禁止した。

西海岸の古都シットウエイはインドとの海路の拠点であり古代遺跡があるため外国人観光客が多い。チャウピューは中国へのパイプラインがミャンマーを斜めに横切り、雲南省へと繋がっている拠点だ。ここには中国企業が進出し、工業団地を建設した。ロヒンギャとの暴動となった場所を取材したが、そこには放火されたモスクの無残な残骸があった。

やや東側の中部、マンダレーは雲南華僑の街である。旧首都のヤンゴンと新首都ネピドーはアクセスが悪い。マンダレーは国際空港こそ立派だが、翡翠《ヒスイ》やルビーの商いはほぼ雲南華僑が握る。そうした三都三様の物語が付帯する。

麻薬王

ラオス、タイ国境に広がるのが統治の及ばない「黄金の三角地帯」である。アフガニスタンに次ぐ麻薬産出地域で、ギャング団と武装組織と博打場である。治安の安定はあり得ない話だろう。

黄金の三角地帯の形成と発展、その後の衰退は、国共内戦に敗れた蔣介石の国民党残党という闇とＣＩＡの奇妙な援助、そして、その後のＣＩＡによる国民党残党への弾圧、ミャンマーとタイとの絶妙な駆け引きを抜きにしては語ることができない。深い闇である。

蔣介石は共産党に敗れて台湾に逃れたが、南アジアで戦闘を継続したのが国民党の第二七集団隷下の九三軍団だった。およそ一万もの兵隊が残留し、シャン州をなかば独立国然とした。

モン・タイ軍（MTA）は「シャン州独立」を目指した軍事組織で、ビルマ共産党軍が主要敵だった。

一九三四年二月、国民党残党の軍人とシャン族の女性の間に生まれたのが、のちに「麻薬王」と呼ばれるクンサ（昆沙）だ。中国名は「張奇天」。一時はモン・タイ軍の二万五〇〇〇名を率いた。軍資金は麻薬だった。CIAが背後で支援したのだ。しかし、CIAがアルカィーダを育て、やがて裏切られたように、あるいはムジャヒデン（タリバンの前身）を育てたのもCIAだったように、やがて米国はクンサに二〇〇万ドルの懸賞金をかけた。

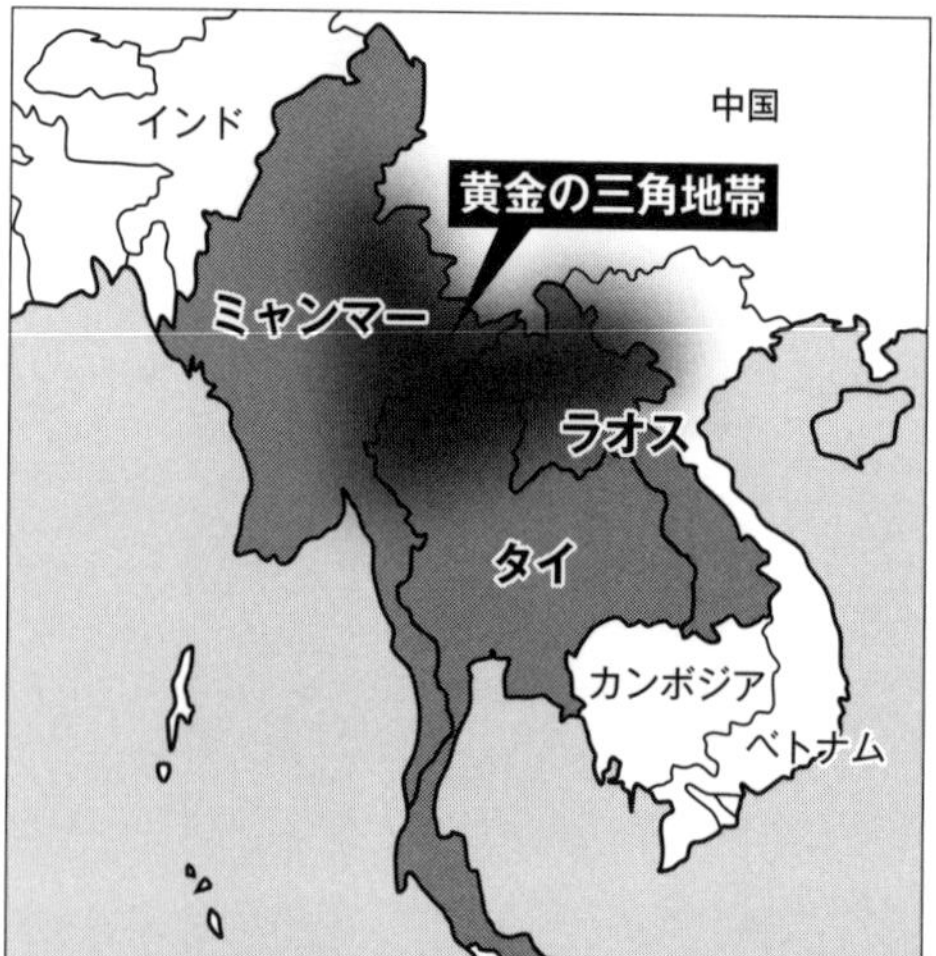

黄金の三角地帯

麻薬王と言われたクンサは紆余曲折の後、麻薬で得た巨費で財閥に転じ、晩年はヤンゴンに暮らし、二〇〇七年に七四歳で死亡した。米国の身柄引き渡し要求にミャンマー政府は最後まで応じなかった。

もう一つの有力部族であるワ族は、モン・クメール語を喋る少数民族だ。このワ族の武装組織には中国の軍事支援がある。

安倍元首相がミャンマー重視外交に転じて二度ヤンゴンを訪問した。ヤンゴンの南郊外に位置し、コンテナターミナルを日本が援助したティワナ工業団地はその後、どうなったか。

麻薬王クンサ

国軍クーデター以後、西側が制裁を科し、日本政府が同調したため日本企業の一〇%がミャンマーから撤退した。住友商事、ＫＤＤＩなどが残留しているが、現下、投資のトップはシンガポール、中国、そして台湾、韓国が続く。日米印企業の新投資は実質的にほぼゼロ状態だ。外交的孤立のミャンマー軍事政権を支持するのは中国である。舞台裏ではロシアが急接近している。

仏教界は分裂している。将軍たちと協力し、仏教とビルマ文化の両方を外部の影響から守る必要があるという軍の理念に共鳴した高僧もいれば、ラカイン州で地元の仏教徒とイスラム教徒のロヒンギャ族の間で暴力的な衝突が起きると、〝過激派僧侶〟と言われるウィラトゥ師は、「ビルマ仏教はイスラム教徒によって一掃される危険に晒されている」とし、「イスラム教徒経営の企業のボイコット」を奨励した。

軍事クーデターに反対するデモに参加した僧侶たちも目立った。シャン州北部の主要都市ラショーでは国軍統治が崩壊した。

ヤンゴンの中心部、湖を臨む景勝地に立つ豪邸はアウン・サン・スー・チーの所有する不動産である。この豪邸前の道路で、大規模な集会が開催されたため国際的にも有名な場所だった。筆者も、付近の仏教寺院を見学したあとに長い坂道をおりたら、この豪邸の正面に出た。

敷地面積八〇〇〇平方メートル。庶民からみれば王様の邸宅である。二〇二四年三月二〇日にこの物件は競売となった。入札価格は二二一億円からだったが買い手はつかなかった。

ミャンマーにおける中国の関心事は、地域の安全保障希求というより自国利益優先で、自己中心的である。軍事クーデター以降、中国共産党はミン・アウン・フライン司令官が率いる軍事政権を支援しているが、他方で各地に盤踞する武装勢力にも武器を供与するという二股外交が平気な国だ。

米国平和研究所のジェイソン・タワーは「中国は、地政学的利益の確保、経済プロジェクトの推進、辺境地域における欧米の影響力抑制に力を入れている。しかしミャンマーの分裂状態が持続すれば、ミャンマーはＡＳＥＡＮ（東南アジア諸国連合）で孤立を深めるだろう。それは中国が裨益する結果をもたらすかもしれない」と分析する。

ミャンマーの国境地帯は軍事政権の統治が及ばず、密輸、人身売買とサイバー詐欺の増加をもたらした。中国のハッカー部隊の拠点化し、ギャングの巣窟となった。しかも中国はゲリラ組織と強い絆がある。中国政府は犯罪増加を憂慮しつつも、取り締まりは手抜き、中国の犯罪組織を阻止するより、反政府武装組織を手なずけ、中国の利益に繋がることを目論《もくろ》んでいるようである。

中国人マフィアが跳梁跋扈していた

ワルが暗躍していた。

中国の権益とは具体的には、中断されているカチン州での水力発電プロジェクトの再開とザガイン地域の銅鉱山の操業再開、ラカイン州チャウッピューの工業団地建設、港湾の整備近代化、そして雲南省へ運ぶパイプラインの安全である。

中国雲南省は、ミャンマーの西海岸からのパイプラインで裨益し、また中国の観光客は雲南省に近いミャンマー地域や第二の都会マンダレーを旅行する。翡翠や色石の取引が目的だ。マンダレーは雲南華僑の街である。ホテルで朝から酒を飲んでいるのは大概が華僑の宝石商だ。これは筆者の目撃談。

ミャンマー国境は犯罪集団が跋扈し、人身売買とサイバー集団が、むしろミャンマー政府の監視が行き届かないゆえにかえって安全とばかりに、武装組織が支配する地域を隠れ家として利用している。彼らの「みかじめ料」もどきも武装組織の軍資金である。

中国公式情報筋の情報では、中国警察が二〇二二年に四六万余を超える国境を越えた詐欺や詐欺事件を処理し、詐欺に関与した七九万のウェブサイトを閉鎖したとか。

ミャンマーとタイの国境では別の問題がある。中国、タイ、ミャンマーのギャングたちの拠点化しており、密輸シンジケートの暗躍がある。ラオスとの国境へ行くとカジノホテル、売春窟。そして麻薬の密輸ギャング団のアジトがある。

一方、ミャンマー奥地、中国との国境地帯では広域犯罪集団が跋扈、拡大し続けており、とくにシャン州北部の町タチレクや中国国境に隣接し、ミャンマー国軍が支配するとされた地域で武装集団との戦闘が拡大し、なんと国軍が敗北を喫した。

中国が珍しく停戦を斡旋したのは当該地域の華僑の利権を優先させたからだと情報筋は解析する。

タイとの国境、シャン州の東側ではカチン族やカレンニー族（カレンの分派、「赤カレン」と呼ばれる）が戦乱を逃れてカセ州からタイのメーホーソン県へ多数が逃げ込んだ。

首都ネピドーに近い中部のピンウールウィンという町では国軍支持の僧侶たちが集会を開き、ミン・ウン・フライン司令官の解任を求め始めた。「ゲリラに国軍は手ぬるい」というわけだ。

ミャンマー軍は、一月三一日、国内で悪名高いギャング団の首領三人と幹部七名を拘束し、チャーター機で身柄を中国に引き渡した。この中国人マフィアの送還には中国軍から特殊部隊が派遣された。

ミャンマーで猖獗《しょうけつ》を極めた中国のギャング団は詐欺、外国人誘拐と人身売買を繰り広げてきた。拠点はミャンマー北東部の中国との国境にあるラカイン州である。ラカインは貧しい僻地だった。無法地帯であったラカインは、気がつけば高層タワーと怪しげな歓楽街が立ち並び、中国人相手のカジノ、巨費が乱舞する賭場に変貌していた。

すでに一三〇〇名近い人間が犯罪容疑で中国に引き渡されており、そのうち三つの軍閥のボスは魏超人、劉国熙、劉正祥と言われた。中国公安省によると、これまでに詐欺センターに関与した疑いのある約四万四〇〇〇人がミャンマーから中国に引き渡されたという。信じられないほどの夥しさだ。

ミャンマー公安の推定では一〇万人を超える中国人が「詐欺センター」に誘拐、拉致あるいは博打の借金のために移住を余儀なくされ、オンライン詐欺の尖兵としてこき使われた。

なぜマフィアの巣窟化したかといえば、ミャンマー国軍と少数部族の武装組織の武力衝突が激化したからである。そのうえ中国系マフィアは裏でミャンマー国軍の幹部と繋がっていた。ミン・アウン・フライン将軍（最高司令官）はラカインの中国マフィアをむしろ支援していたのではないかと言われた。武装組織の情報を得るためであり、カジノなどを黙認することで「ポケットも潤った」という。

もともと中国は国内の誘拐や詐欺の電

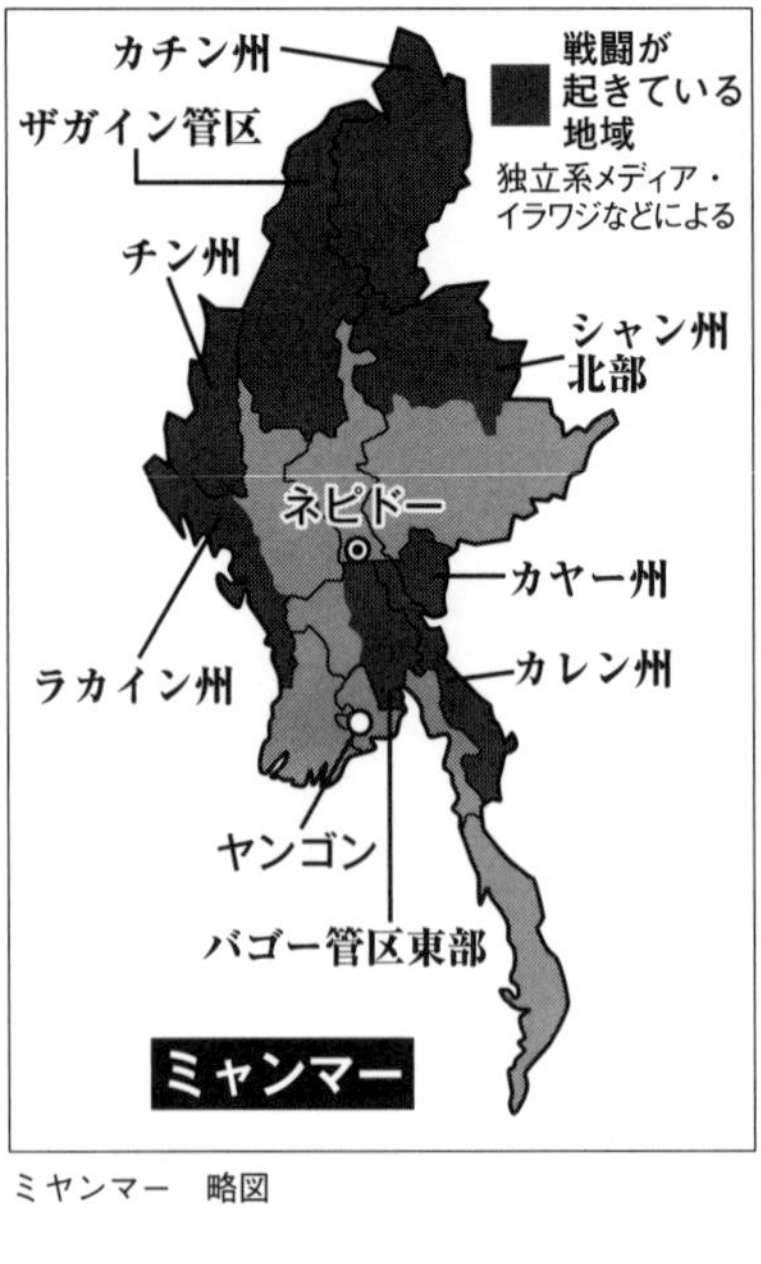

ミャンマー　略図

話センターがミャンマーの無法地帯にあることを突き止めており、捜査員を潜入させていたのだ。

これらの犯罪組織がミャンマー国軍に叛旗を翻すのが目的だと偽って武装していた。その武器も中国からの闇ルート、つまり両国の官権の汚職が犯罪を助長してきた。ミャンマー軍が麻薬、カジノを黙認していたのだ。

こうした妖しい関係により、中国人マフィアはミャンマーで手広くビジネスネットワークを広げ、カンボジアの鉱山経営やカジノに出資した。ミャンマー、ラオス、カンボジア、タイ、ベトナムにまたがる犯罪ネットワークを構築していた。したがって国軍との武力衝突で想定外の事態を引き起こしたのである。

アルメニアを捨てたロシア

アルメニアはロシア離れを宣言した。

二〇二四年二月一九日。場所はドイツのミュンヘン。アルメニアのパシニャン首相は「ウクライナ問題でアルメニアはロシアの仲間ではない」と爆弾発言を口にした。これはアルメニアがロシアと明確な距離を示し、ウクライナ侵略に反対する立場を表明したことになる。旧ソ連構成国に留まっていたはずのアルメニアのロシア離れが鮮明になった。

なぜこういう事態が生じたのか？

ナゴルノ・カラバフをアゼルバイジャンに取られた逆恨みだ。ロシア兵が最盛期には一九〇〇名ほど駐在していたにもかかわらず、ウクライナ戦線を優先して、そそくさと引き上げ、アゼルバイジャンの軍事行動を黙認したというのがアルメニアの言い分である。

ニコル・パシニャン首相

ナゴルノ・カラバフの領有をめぐるアルメニアとアゼルバイジャンの軍事衝突は一九九四年に住民が「アルツァフ共和国」を宣言してから政争の種となった。同国は国際社会が認めない「未承認国家」だが、カスピ海と黒海の間のコーカサス地域に位置する地政学的要衝であり、アゼルバイジャン人にとっては「聖地」である。

二〇一四年の軍事衝突はロシアが背後にいたためアルメニアの勝利となった。二〇二三年一〇月のアゼルバイジャンの軍事作戦は背後にトルコの支援があった。アルメニアが敗北し、二〇二四年一月一日をもってナゴルノ・カラブフ自治区は消滅した。およそ一〇万人のアルメニア人は避難民としてアルメニア本国に逃れた。

アルメニアの米国内でのロビィ活動は顕著で、米議会はアルメニア支援議員が多い。アルメニアはトルコとは犬猿の仲、理由は、聖地アララット山がトルコ領内に編入されていること、そして今回のアゼル軍の背後にトルコが武器供与をなしていたことなどがあげられる。

首都のエレバンでは敗北の批判を政権に向けたが、もっと激しく反発したのがロシアへの感情だった。アメリカはほくそ笑んだ。以後、アルメニアは親西路線、とくにアメリカへの接近を露骨に示した。西側の究極目標はグルジアとアルメニアのNATO加盟である。

アルメニアが民族の矜持を誇示しがちなのは、ユダヤ人同様、アルメニア人が世界各地に散って

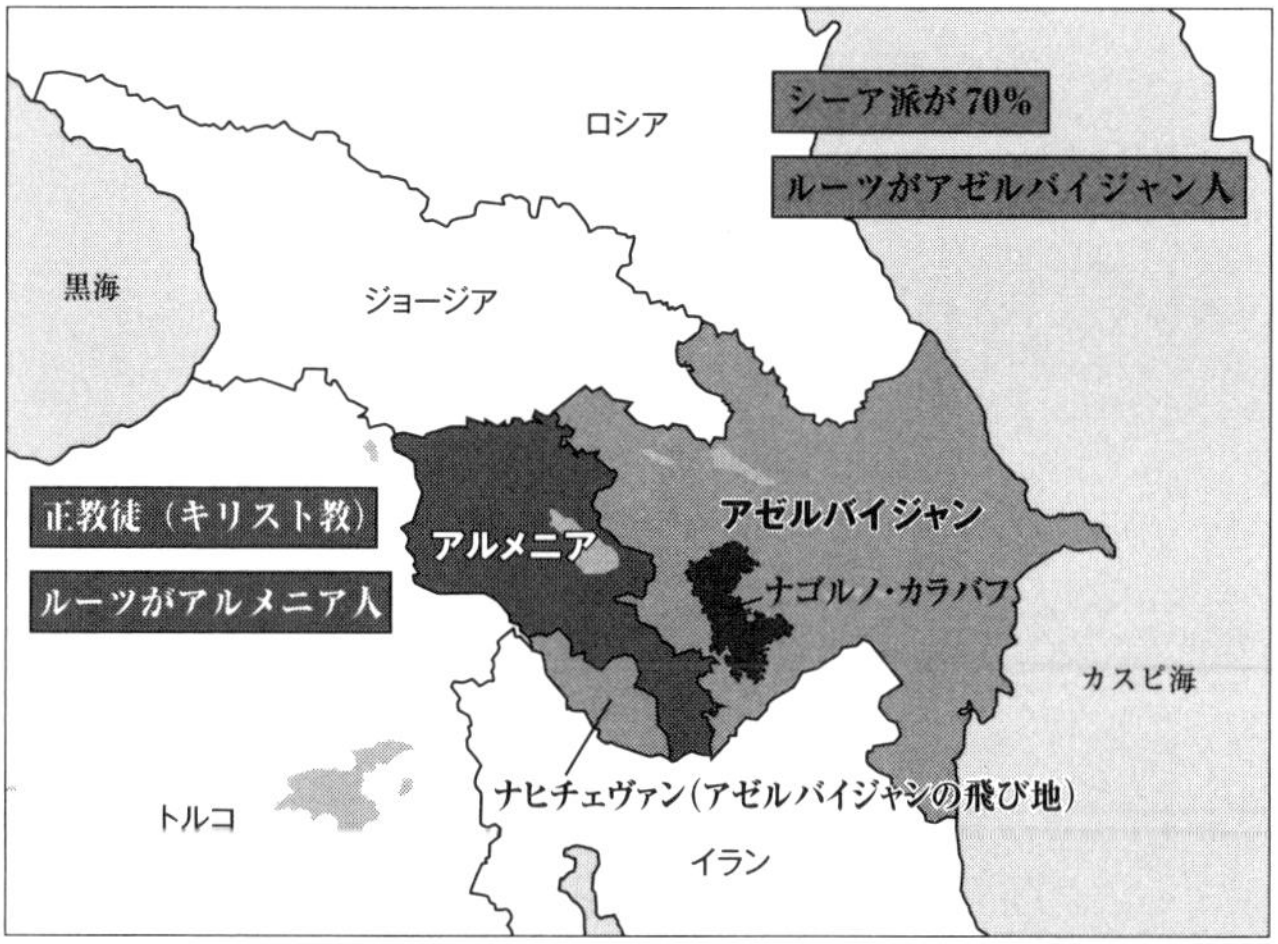

アゼルバイジャンとアルメニアの概説

いるからだ。米国やエルサレム、イランにもアルメニア・タウンがある。

イスタンブール（コンスタンチノープル）から伝播した東方正教会を「アルメニア正教」として最初に受け入れた。首都エレバンにはアルメニア正教会の総本山がある。ロシア正教より古いのが自慢だ。またキリル文字の魁《さきがけ》がアルメニア文字で、「アルメニア文字公園」がある。中国の亀甲文字記念館のようなものだ。

あの強欲・中国から毟り取るつわもの

中国がアフリカ諸国に一帯一路のプロジェクトを広げたのは農作物とエネルギー、次いで鉱物資源の確保が目的だった。決して善意や友好関係の樹立が中国外交の目的ではない。中国は高々と国家目標を掲げ、ジャブジャブとプロジェクトに金を投じた。アフリカや中央アジア、南太平洋諸国を大きな顔でのし歩いた。

しかし、結果は無残なかたちで露呈した。殆どが砂上の楼閣と化したのである。中国国内に夥しいゴーストタウンを建設したように、諸外国へのプロジェクト輸出は各地にゴーストシティを創った。そして支援金も尽き果て、事実上の不良債権と化した。

中国から毟《むし》り取った国は多いが、露骨なパターンを示したのがモルディブ、スリランカ、パキスタンである。

モルディブは「海に沈む島嶼《とうしょ》国家」と言われる。コロナ禍の前は世界中から観光客が集まった。日本のツアーも年間四万人以上が、この南インド洋に浮かぶリゾートに遊んだ。無人島が千以上（その殆どは岩礁。海に沈む時間もあるが、統計上は一一九二の島々がある）、有人島は二〇〇、このうち百ほどの島がリゾートで、海上ホテルや砂浜のコティジではお酒も飲める（ただしアルコールの持ち込みは禁止）。

海域があまりにも広大で、海難救助は難しい。従来からモルディブはインドの保護国でもあり、災害救助を目的に小型飛行機とヘリコプター部隊のインド軍八〇名が駐在していた。

安全保障の取り決め、地域防衛的な協定ではなく、あくまでも海難救助隊だった。その恩義を忘れてインド軍に、親中政権は「出て行け」と言いだした。怒り心頭のインドは期日を早めた。モルディブはこれによりインドという保護国を失った。以前のヤミーン政権も親中派で汚職まみれ、インドの干渉を嫌い、プロジェクトを持ちかけてきた中国に転んだ。空港から首都マレへ海上橋をかけてもらい、合計一五億ドルが中国からの借金、その返済について心配した気配はなかった。

　モハメド・ムイズ新大統領はヤミーン政権下で建設プロジェクトに深く関与した肥った利権政治家、中国裨益組である。

アブドゥラ・ヤミーン 第5代大統領

　二〇二〇年にヤミーン汚職政権を倒したソリ大統領は親日派でもあり、インドとの関係を修復した。インドはモルディブに一五億ドルの信用供与を与え、観光客もインド人がトップだった。しかし、二〇二三年に「親中」「反インド」のムイズ政権が発足すると、モルディブへのフライト予約システムを中断し、怒りを静かに現してきた。なお二国間援助では日本がトップである。

凄腕はパキスタンである。

イブラヒム・モハメド・ソリ 第7代大統領

モハメド・ムイズ　第8代大統領（現）

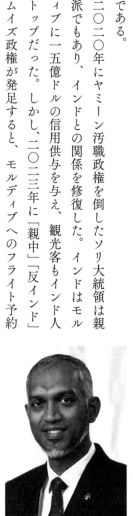

中国は対インド戦略の要衝、パキスタンに一貫して肩入れしてきた。パキスタンの西南部、グアダール港の近代化、ターミナル増設、工業団地、大学も建設。一帯一路の目玉プロジェクトだった。総額五二〇億ドルのうち中国は合計三三〇億ドルを注ぎ込んだ（大半は中国輸出入銀行、開発銀行などの貸し付け）。グアダールからパキスタンを斜めに横切って新疆《しんきょう》ウイグル自治区へ石油とガスのパイプライン、鉄道と高速道路、そして光ファイバー網を通すという五つのプロジェクトが平行し、工事はかなり進捗していた。

ところが、グアダール港はパキスタン中央政府の統治が及ばない無法地帯だった。パロチスタン独立運動が過激化し、テロリストが次々と中国人を標的としたため、建設現場で中国人エンジニアを護るのがパキスタン軍という皮肉な事態となった。そのうえ鉄道建設現場からはレールもセメントも「蒸発」した。

中国はたびたび苦言を呈したが、二〇二一年、「グアダール・プロジェクト中断、代替地はカラチ」とした。するとカラチでも中国人を狙ったテロが起きた。

パキスタン北東部には中国が主導するデスダム工事が進行中だが、ここでも中国人エンジニアがテロに襲われ死傷者がでた。

ベネズエラへの中国投資は灰燼《かいじん》に帰した。

二〇〇七年以来、中国はベネズエラに六八〇億ドルを融資した。主に石油鉱区、鉱物資源鉱区の開発プロジェクトで、直接投資は三〇〇億ドルを超えた。

中国の融資条件は高利で、返済条件も厳しいことで知られる。ベネズエラの経済実情（GDPは八〇％減、インフレ率はIMF統計で二三五五％）をみれば、返済は不可能だ。となると、次の選択肢は狭まる。中国はスリランカやジブチでそうしたように、担保権行使に踏み切った。石油鉱区の分輔《ぶんど》りである。


二〇二三年一〇月一七日から北京で開催された「一帯一路フォーラム」には華やかさが消えていた。目立ったゲストはプーチンとオルバン（ハンガリー首相）、背の高いトカエフ（カザフ大統領）、ジョコ（インドネシア大統領＝当時）、元首級はラオス、カンボジアくらい。ムードを盛り上げようと中国のメディアは習近平を「一帯一路の総設計師」と褒めそやしていた。

習近平は演説で、「これからの一帯一路はハード面からソフト面の協力にも展開する」と強調した。従来の大型インフラ投資はかえって途上国を「債務の罠」に陥らせてきたと批判されてきた。途中で放り出した案件はパキスタン、スリランカ、ベネズエラ、ジブチなどが典型だ。

新幹線開通はインドネシアとエチオピア・ジブチ間だけ。中国が「一帯一路」プロジェクト全体にぶち込んだのは七八〇〇億ドル前後で、中国自ら借金の罠に陥没した。

方向転換は予想された。国際協力フォーラムで習近平はこう言った。

「一帯一路は高水準で、人々の生活に恩恵があり、持続可能であることが重要な原則となる」

また、王毅《おうき》外相兼政治局員は記者会見で「発展の新段階に進んだことは、各方面の支持を得ている」とし、方針転換を正当化した。「量から質へ方向転換」ということはこれまでは「悪質」だったことを自ら認めたことにならないか？

王毅外相

中国、ブータン国境に三つの村を建設。スリランカから南太平洋まで触手

ブータンは二〇一三年に『世界一幸せな国』として知られるようになった。七〇〇〇メート

ルの山々に囲まれ、農業の他に、これという産業はなく、観光といっても、山男らのトレッキングが主体だ。

面積は九州程度、人口は七二万人しかいない。だが日本で人気があるのは、若い国王夫妻のはにかんだ態度と、親日家として来日した折の印象が爽やかだったからだろうか。

首都のティンプーはこぢんまりとまとまった中世の宿場街のような景観だ。筆者も一週間ほどブータン各地をめぐったことがあるが、緑の雪山と清流が印象的で、ホントにのんびりしている。

問題は中国と四七〇キロも国境を接していることだ。

秘境で、地図もなく、なにしろ道路がない高嶺に、中国人が這入り込んで冬虫夏草《とうちゅうかそう》を盗みにくる。冬虫夏草は癌に効くとされ、中国人には異様な人気がある。

ブータンの軍隊は陸軍だけで一万足らず、そのうち七〇〇〇人は国王親衛隊。警察は千名。空海軍はなく、防空はインド空軍まかせである。このためインドの軍事顧問団が一五〇〇名ほど駐在している。豊かな水力を利用した発電により、ブータンはインドに電力を輸出している。

インド大統領に迎えられるブータン国王夫妻（2013）

『サウスチャイナ・モーニングポスト』（二〇二四年二月二〇日）は、ブータンとの国境に中国が三つの〝村〟を建設したと報じた。軍人の兵舎の可能性が高い。もともと国境を接するのはティンプー、ガサ、パロ、ハの四縣で、ドグラム高原の領有をめぐった軍事衝突が何回か起きている。中国が軍用道路を開き兵舎を建設し始めたのはすでに十数年も前からだ。中国の軍事戦略ではネパールへの南進と同様にブータン政府にBRI（一帯一路）プロジェクトを持ちかけてきた。

こうした南アジア諸国の微妙な動きに懸念を広げるのはインドである。

事実上インドの保護国といえるブータン防衛は地政学的意味からもインドにとって重要なうえ、インドのアルナチャル・プラデッシュウ州、アッサム、シッキム地方、そしてベンガルなどとブータンは六〇五キロ

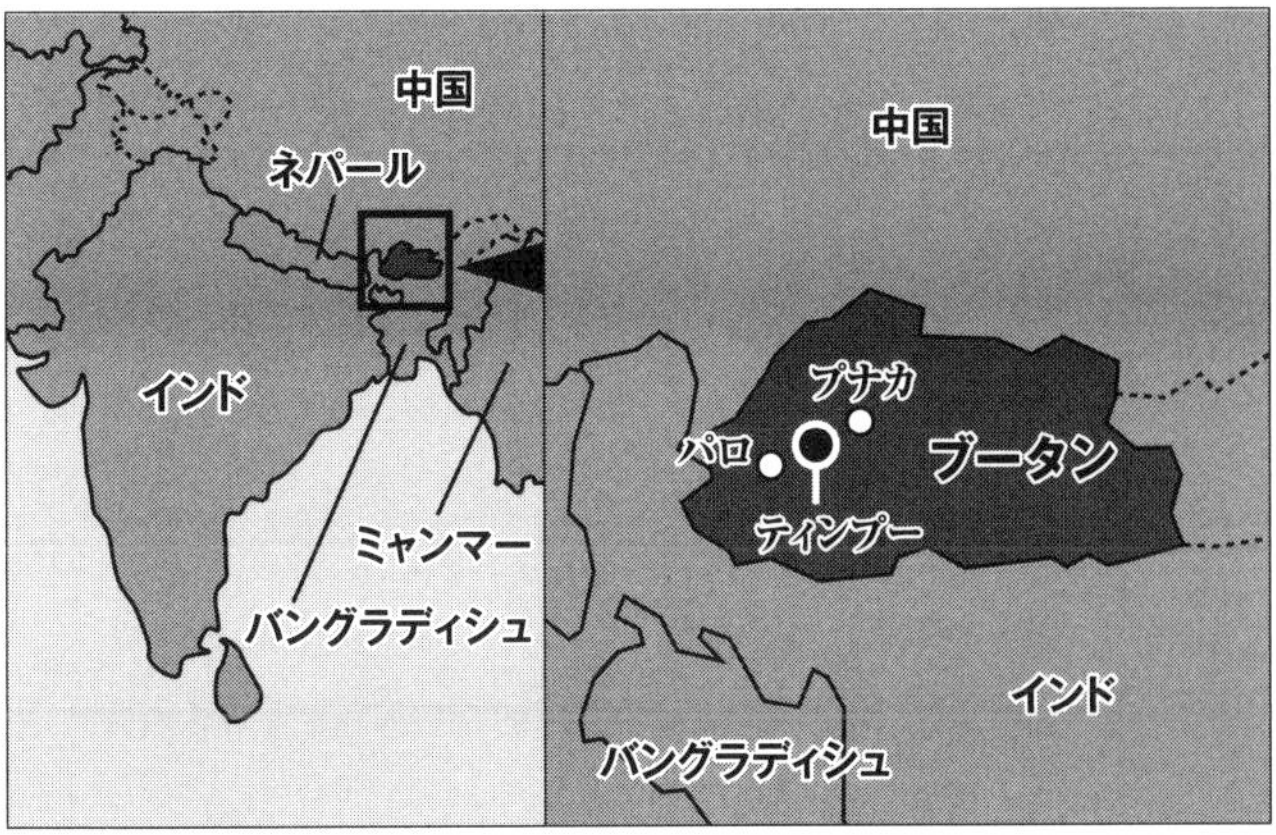

ブータン周辺地図

の国境と接する。

スリランカから中国が九九年租借したハンバントタ港に石油精製基地を建設するため中国シノペックが四五億ドルと投じるという。

二〇二三年一一月二九日、対スリランカ債権国一七カ国は、スリランカ債務の再編で合意に達した。日本、インド、フランス等が、「債権の範囲と適用金利、返済期間などの条件」に関する繰り延べを話し合い、元本の削減は含まれず、また最大債権国の中国はオブザーバー参加だった。十七カ国合意に囚われたくないからだ。

二〇二三年一〇月、スリランカ政府は、中国輸出入銀行との間の約四二億ドルの債務処理に関して、主な方針と条件合意が成立したと発表した。中国は単独で二国間交渉をしていたことになる。

その抜け駆けの条件とは何であったか。

対中借金地獄に悩むスリランカ政府は、中国「シノペック」に対してハンバントタ港に「石油精製基地」の建設許可をだした。

マヒンダ・ラージャパクサ元大統領

ラージャパクサ元大統領のお膝元でもあるハンバントタの租借は国際的な波紋を呼んだ。とくに航路の安全保障にかかわる軍事的脅威となり、ましてハンバントタは深海、中国軍の潜水艦寄港が確認されている。

この地政学上の要衝にシノペックが石油精製基地を造成するとなるとインドにとっては安全保障上の脅威となる。

南太平洋の要衝にあるナウルも地政学的に重要な拠点である。人口僅か一万余。国家というより町会機構である。しかし国連で一票を持つからややこしい。台湾総統選が終わるのを待って、ナウルは台湾との外交関係を断絶して、中国に切り替えた。カネに転んだと噂された。

ナウルの外交的裏切りに対して、台湾総統府と与党・民進党は、「北京が総統選挙の終了後、直ちに外交的な圧力をかけたのは、民主主義の価値に対する報復であり、それ以上に国際社会の安定と秩序に対して公然と挑戦するものだ」と非難した。

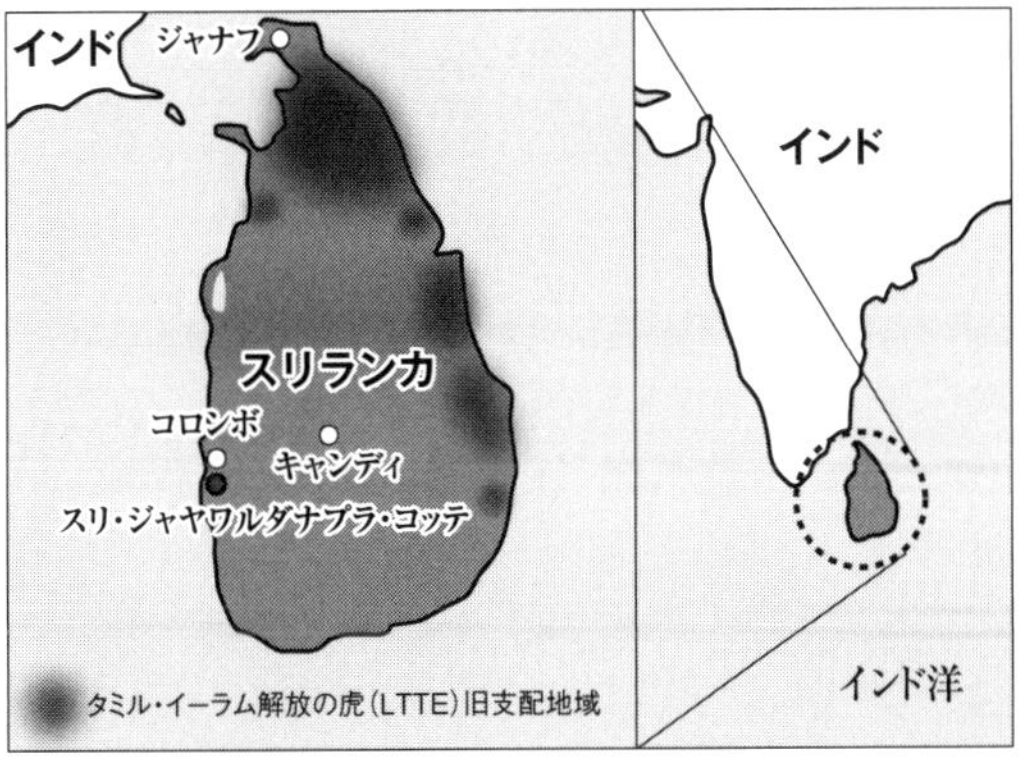

スリランカ　地図

次はツバルが、中国へ走るだろうと予想する報道がなされた。

豪『ウィークエンド・オーストラリアン』（一月一二日）は駐台湾マーシャル諸島共和国のビケニベウ・パエニウ大使が、「ツバル関係者」から耳打ちされたとして、「ナウルに倣《なら》い、外交承認を中国に切り替える可能性がある」と発言したと報じた。台湾総統選の直前だった。ツバル政府は、ただちに「パエニウ大使の発言は公式立場を表すものではない」とし、台湾との外交関係は引き続き強固であることと確認した。

騒ぎを醸し出したのは豪メディアだが、一月二三日にペニー・ウォン豪外相は、「ツバルが台湾との外交関係を断絶しようとするいかなる動きにもオーストラリアは干渉しない」とし、「ナウルに倣って同盟関係を中国に移す可能性がある」とした報道を受けた記者会見で、「ツバルの外交政策は太平洋諸国単独の問題であり、台湾や中国の承認に関するいかなる決定にも介入しない」と述べた。

台湾と強い絆で結ばれるのはマーシャル諸島だ。二〇二四年一月二二日、ヒルダ・ハイネ大統領は世界各国代表が出席し、首都マジュロで開催された大統領就任式で、台湾との強固な関係への支持を再確認した。式典では蔡英文《さいえいぶん》総統、ミクロネシア連邦、日本、パラオ、米国の代表らからの祝辞が読み上げられた。蔡政権の特使として就任式に出席した台湾の田中光政務次長は「両国は国政選挙を実施したばかり、民主主義と自由の価値観を共有している」と祝辞のなかで述べた。

南太平洋諸国で台湾と断交した国々はバヌアツ、フィジー、キリバスなど。二〇一六年に民進党の蔡英文政権が発足した時点ではまだ二二カ国と外交関係があった。

フィジーには南太平洋大学に「孔子学院」。バヌアツの海岸通りの商店街は殆どが新移民の華僑経営である。

蔡英文政権誕生以来、中米・カリブ海で五カ国、オセアニアで三カ国、アフリカで二カ国が台湾と断交した。ナウルの断交での残りは一二カ国となった。アフリカにいたっては、旧スワ

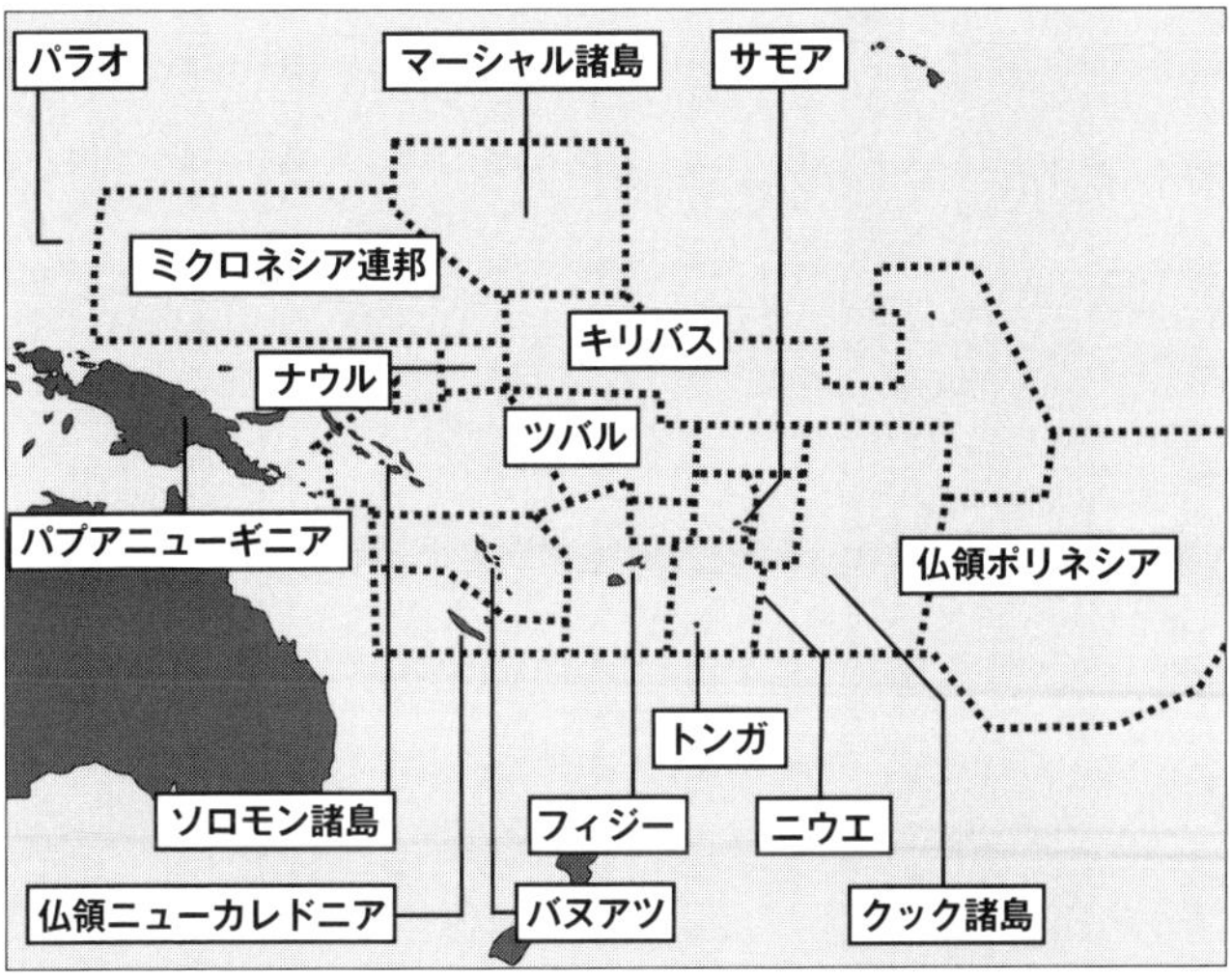

南太平洋の島嶼国家群

ジランド（二〇一八年に「エスワティニ王国」と改称）を例外として五五カ国のうち五四カ国が台湾と断交した。いずれも中国の「札束外交」によるもので台湾の国際的孤立が狙いである。南太平洋の島嶼国家群の中国への傾斜を重くみた米国は、急遽「調整官」を派遣し、とくにソロモン、パプアニューギニアではカート・キャンベル調整官（現国務副長官）が当該国の大統領等と話し合いを持ったものの、調製は円滑には進まなかった。

ところがその後、ソロモン、パプアニューギニアなどでも反中国暴動が発生し、チャイナマネー問題が浮上した。二〇二四年四月のソロモン選挙でソガバレ親中派政権は退陣となった。ようするに舞台裏は賄賂の世界、南太平洋諸国で経済的に豊かな国はなく、少額でもポケットが潤うなら、国際的な安全保障感覚など二義的な問題となる。だからワルが蔓延《はびこ》る余地がある。

インド外交の快挙。カタールから死刑判決のインド海軍の退役軍人八人を奪還

インド海軍の退役軍人八人がカタールで拘束され、スパイ容疑で死刑判決を受けた。彼らは

獄中闘争をはじめ、当初、「刑期の短縮」を訴えて国際問題化した。この間、インドは舞台裏で交渉を展開し、八人は釈放されてインドに戻った。

日本にこの真似ができるのか。

アステラス製薬の社員がスパイ容疑で拘留され続けている屈辱を、日本政府は軍事力をバックに威嚇《いかく》するなどという「正常な外交手段」をとれないばかりか、その意思もない。

インド退役軍人らはカタール軍を訓練する民間の軍事企業に勤め、二〇二三年八月に身柄を拘束された。スパイ容疑とは、潜水艦入手目的のカタールの極秘計画に関して、イスラエル側に情報を流していたことだという。

カタールはイスラエルと国交がない。

舞台裏でインドがいかなる交渉を展開し、どのような圧力をかけたかは公開されていない。しかしながら、モディ政権のしたたかさは国際的に大きく評価されている。

カタールはまたハマス幹部を匿うなど、いささか後ろめたい側面があるが、カタールの首都ドーハは国際都市であり、加えて中東では珍しい言論の自由があって、アラビア語と英語でニュース

近代的なビルが立ち並ぶドーハ

などを二四時間放送している衛星テレビ局「アルジャジーラ」は健在である。

数年前、ドバイに宿泊した折、空港から近いインターナショナルシティの一角に中国人街「ドラゴンモール」があるというのでタクシーで見学に行った。

中国企業が胴元で、邦貨換算二七〇億円を投じたショッピングモール（唐人街）である。吹き抜けのロビィ、入口に中国銀行支店。ラーメン、餃子のレストランに混じってタピオカも。商店街は中国産の雑貨が山積み、主に観光客相手の安物ばかりだった。ランタンの飾り付けがあった。最近、行った人の話ではカラオケも開店しているとか。

ドバイこそ「中東の金融センター」である。表現の自由があり、市場に透明性がある。

世界一の高層ビルが聳《そび》え、そのなかには水族館があり、紀伊國屋書店もある。住民の九割は外国人で、カネがあり余っているのでバス停まで冷房付き。警察官は暇だから赤信号で渡った歩行者にまで罰金を取っている。

ドバイ、カタール、UAE諸国の地域的覇者はサウジアラビアである。

「中東の金融センター」ドバイ

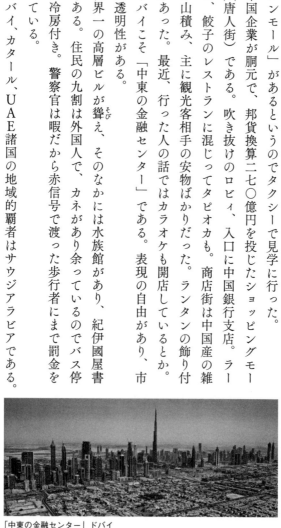

石油とガスの取引は米ドルで行われている。それが「行われていた」と過去形に変わりつつある。人民元が、一九七四年以後「ペトロダラー」として金兌換《きんだかん》離脱以後も世界の通貨覇権を握ってきた米ドルを脅かし始めた。

現実問題としてドバイは上海株式市場と連携し、デジタル人民元での売り買いを開始した。二〇二四年五月現在、中国が「通貨スワップ」を締結した国々は二九カ国、ドバイは中国の銀行に正式の銀行免許を交付した。中国農業銀行もドバイで業務を本格化した。カタールも中国と一番早く通貨スワップを結んでいる。

人民元は二〇一六年にIMFのSDR通貨として認められ、シェアは日本円と並ぶほどに世界で認知されている。促進の刺激剤となってきたのが「一帯一路」プロジェクトだった。二〇一二年にUAE（アラブ首長国連邦）と中国は通貨スワップを結んでいたが、二〇二三年からガスの決済を人民元でも認めた。UAEは二〇二三年一一月二八日に四八億九〇〇〇万ドルで五年間の通貨スワップとした。

サウジアラビアは二〇二三年一一月二〇日、中国と六九億八〇〇〇万ドル、三年契約の通貨スワップを認めた。ドル決済だった石油取引の一部を人民元とする政策変更に前向きと言われる。「サウジアメリカ」と呼ばれた過去は去って、「サウジアラシナ」となった。

イタリアも中国に「さようなら」

イタリアが「中国BRI（一帯一路）覚え書き」を撤回した。〝快挙〟と言える。

イタリアの皮革製品とアパレルの街はプラトー市。最初は安い賃金で働く中国人移民を歓迎した。束の間、グッチなどに豪華皮革製品を作る工場がいつしか中国人に乗っ取られていた。移民斡旋の地下組織は浙江省出身者で固められた。二〇万都市に中国からの正規移民が二万、不法移民が一・五万。イタリアでは中国人への反感が募った。

首都ローマはエスクイリーノ地区。ショッピング街である。二〇〇〇軒の小売店がファッション、ブランド品、雑貨を並べるが、半分が中国人経営となった。ミラノはパオロ・サルビ通りがチャイナタウンとなって、東京池袋北口と同じ光景、イタリア全土でバール（喫茶兼居酒屋）の多くも中国人経営となって、およそ三〇万人の中国人がなんらかの商売を始めた。イタリア歴代政権は、この中国の進出ぶりに注目はしたものの規制をかけたりはしなかった。大甘だった。

イタリアは二〇一九年三月二三日、中国と「一帯一路」参加の覚え書きを交わした。二九のプロジェクト、総額は二八億ドル。目玉はイタリアの貿易港トリエステのコンテナ基地整備などで、すでに中国はギリシアのピレウス港の管理運営権を取得するため三〇億ドルを出資していた。

バルカン半島の付け根のピレウス港（ギリシア）から北上し旧ユーゴスラビアの北端スロベニアへ到る。イタリア側のトリエステはスロベニアと国境に位置し、アドリア海の深奥部。中国の地政学的な狙いが何にあるか、説明するまでもない。

イタリアでも強烈な「反中感情」が広がった。ベルルスコーニ政権時代の対中寛容政策によってプラトー市では六〇〇〇社が中国人の経営となっていた。バール経営はイタリア全土で八分の一が中国人経営となり、また観光地ベニスやフィレンツェなどでは中国人観光客のマナーの悪さに不満の声が満ち満ちていた。

コロナ禍で中国批判がピークとなったが、やがて沈静化、沙汰止みとなった。第一の理由は数万の中国人が帰国したこと。第二にアフリカ諸国からの難民が一〇〇万人を越え、それどころではなくなったからだ。

イタリアばかりではなく欧州全体に中国批判が高まった。EU内の「欧州人民党」のマンフレッド・ウェーバー委員長は「中国が台湾に侵攻した場合、EUは中国に制裁を加える」と明言した。フランスを除いてNATO諸国は一斉に中国との距離を取り始めた。EU委員会は中国からのＥＶ自動車の関税を高くしたうえ補助金を中止した。

二〇一六年のトランプ登場に冷たい態度を示した欧州が、トランプと同じ路線を走り始めたのは皮肉というほかはない。

「日本列島は日本人だけの国ではありません」と嘗て首相まで務めた鳩山由紀夫が妄言を吐いたことがある。唖然として二の句が継げなかった。中国に間接的に売り渡すことと同義語である。

その後、各地で「外国籍」の犯罪が増え、埼玉県川口市のクルド人が代弁するように、日本中に外国タウンが形成されていた。

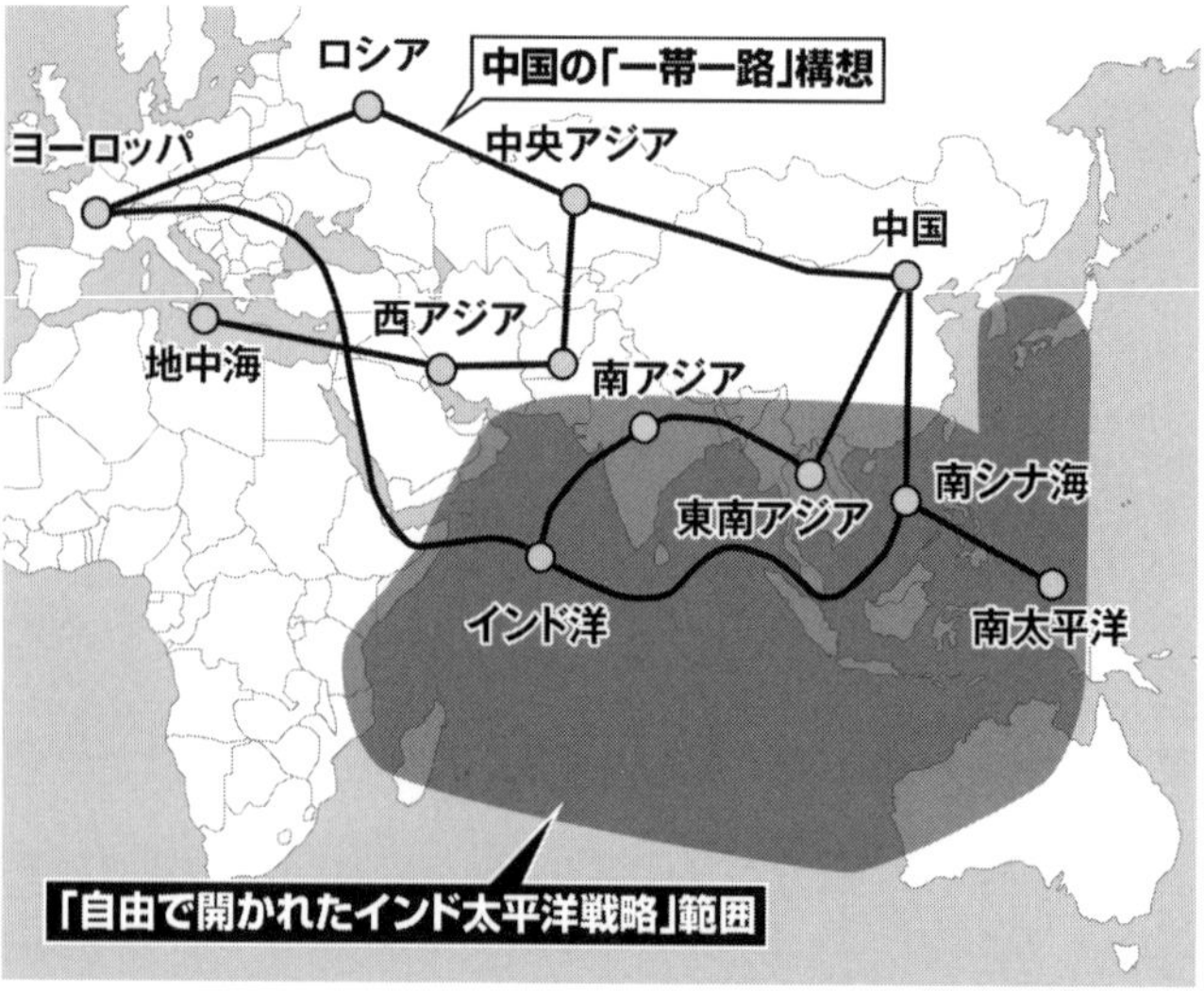

第七章

野心家（習近平とプーチン）が狙う次の覇権

プーチン大統領はアメリカを本当に動かしているのが誰かを把握している

二〇二四年二月六日に放送されたタッカー・カールソンのプーチン大統領への独占インタビューにおいて、プーチンの主要発言は次のようなものであった。

「ロシアはあなた方の敵ではありません。私たちは戦争を望んでいません。平和の準備はできています」

そんな平和論から始め、プーチンはすぐさまバイデン大統領批判に転じた。

「彼は国を運営していないと確信しています。それを確認する有力な情報源はありますが、誰が見ても明らかです。バイデン氏の選挙勝利を（私が）祝って以来、（ホワイトハウスの）誰からも電話がありません。冷戦時代よりもコミュニケーション

プーチン大統領（左）に独占インタビューするタッカー・カールソン　©ロイター／アフロ

が冷たくなっているのは不可解です。アメリカはいま、『暗黒の時代』に突入しています。説明責任を果たせない指導者がいるのです」

（なぜウクライナへ侵略したのかと問われて）

「侵略したのか、それとも侵略されたのか？　歴史を見てください。そこに住んでいる人々を見てください。歴史的に見れば、侵略されたのは我々であり、反撃しているだけです。土地と人々はロシア人であり、もともと私たちの土地だったものを再び手に入れるでしょう」

（トランプ前大統領復活への期待は？）

「トランプ氏が大統領だった頃は良好な関係でした。戦争はありませんでした。私たちの関係は絶頂期にありました。ロシアは（トランプ再登場の）準備をしています。彼はウクライナでの戦闘を終わらせると約束しており、私たちはその考えを支持しています。トランプ氏は決して我々を侮辱していないからです。彼はロシアを尊敬しています。私たちは友好と信頼の立場から始めるでしょう。そうすれば、すべての問題は解決可能です」

（ゼレンスキー氏についてどう思いますか？）

「彼がロシアでコメディアンだった頃、彼のジョークに笑ったことを覚えています。再び笑いに戻りましょう」

（イーロン・マスク氏についてはどう思われますか？）
「マスク氏を（私は）ビジネスマンとして見ています。彼は巨万の富を築き、多くのファンを持っています。彼はユニークな思想家であり、買収されることのない個性の持ち主です。それを恐れる人もいます。米国内に（マスクの）敵がいることは明らかです」
（ロシアと中国が手を組んで米国に対抗するような事態を想定していますか？）
「経済的な意味ですか、それとも軍事的な意味ですか？　どちらも望んでいません。米国と衝突することは私たちの利益にはなりません」

当然といえば当然すぎるほどに予測された回答が続いた。だが、言葉は穏やかでも、プーチンは、バイデンとゼレンスキーをよく観察し、ジョークを含む余裕の批判を展開しているのである。

放映直後、米国の左翼メディアはこのインタビュー放送を小さく報じるか、あるいは完全に無視した。

一方、国民の大多数が放送を見たロシア国内では、「タッカーは本物のジャーナリストね」、「ロシアへの偏見を解いてくれた」と評価する街頭インタビューが報じられ『スプートニク』や『プラウダ』(ロシアの新聞。以前はソ連共産党の機関紙)が賞賛する一方、リベラル派の『モスクワ・タイムズ』は冷ややかな反応だった。

プーチンはアメリカを本当に動かしているのが誰なのかを冷静に分析し、認識しているそれは「オバイデン」というネオコン主流の影の政府だ。プーチンは情報解析能力が高く、しかも巧妙に穏健な語彙を駆使して示唆に富む回答をしている。筆者はプーチンの語彙力に注目した。

しかし、バイデン大統領がいかに大声を上げて追加予算を呼号しても、ウクライナ支援予算は四月まで議会を通過しなかった。おんな戦争屋(ヌーランド)、廊下鳶《ろうかとんび》の軽量級(ブリンケン)が走り回ってもアメリカの民意はバイデンの戦争政策から離れた。むしろ、いま議会を動かしているのはトランプではなかろうか。まるで闇将軍のごとくに。

バイデンを動かしているのは「オバマ院政」と言われる民主党全国委員会である。だから「オバイデン」という(日本でも昔、田中曽根(タナカソネ)政権があった)。

米国の世論を『ニューヨーク・タイムズ』が大きく誤導してきた時代は終わり、左翼プロパガンダより、タッカー・カールソンが保守陣営の指標となった。そしてアメリカの「言論

タッカー・カールソン

の自由」を守っているのは、むしろイーロン・マスクが運営しているXだという現実がある。その計量化できない力関係をプーチンは正確に認識した。だからメインTVでもないカールソンのインタビューに応じたのである。

戦争の勝敗は物理的なアングルから言えば損傷、犠牲、消耗、武器の残数などが目に見える。数字が物理的な状況を物語り、どちらが勝ったか、勝敗が明確に分かる。ただし双方とも「大本営発表」であり、西側のメディアはウクライナ贔屓だ。宇宙衛星や通信回線から物理的な証拠を積み上げていくしかない（ちなみにウクライナ大本営発表のロシア軍の死者は二〇二四年五月三日の発表で四七万二一四〇人。破壊した戦車が七〇五四両、撃墜した航空機が三八四機。同ヘリが三二五機、撃沈した船舶が二六隻とか）。

目に見えないのが「情報戦」である。勝敗も作戦効果も「数字化」ができないからよくわからない。

フェイクニュースがSNS空間を飛び交っているが、そこには「いいね！ 戦争」と「ナラティブの戦い」がある。情報に「いいね」のボタンを押す。そのシェアによって次の状況が導

イーロン・マスク

かれる場合がある。イスラエルのガザ攻撃にしても「人質救出」「奇襲テロへの報復」から「ジェノサイド」へと世論の激変があった。ギャロップの最新の世論調査は驚くべし、アメリカ人の五五％がパレスチナ支持である。

加えて映像操作がなされた。別の残虐場面のフィルムを生成ＡＩや、チャットＧＰＴですぐさま加工し、世論の動向を左右する。となると冷静かつ客観的な判断は難しい。このＳＮＳという新しい情報空間が旧来のメディアの影響力を凌ぐ規模となった。したがって政治家からセレブ、芸能人から経済評論家など何億もの人々が参戦し、侃々諤々の議論を交わす「戦場」となった。

このネット上という「新しい戦場」で情報戦が激越に戦われている事実を追求した樋口敬祐『ウクライナとロシアは情報戦をどう戦っているか』（並木書房）は参考になる。

「ナラティブの戦い」とは物語の原義を超えて、「人々に強い感情、共感を生み出す、真偽や価値判断が織り混ざった伝播性の強い通俗的な物語」を意味し、特徴は「シンプル」「共鳴」「目新しさ」であるという。

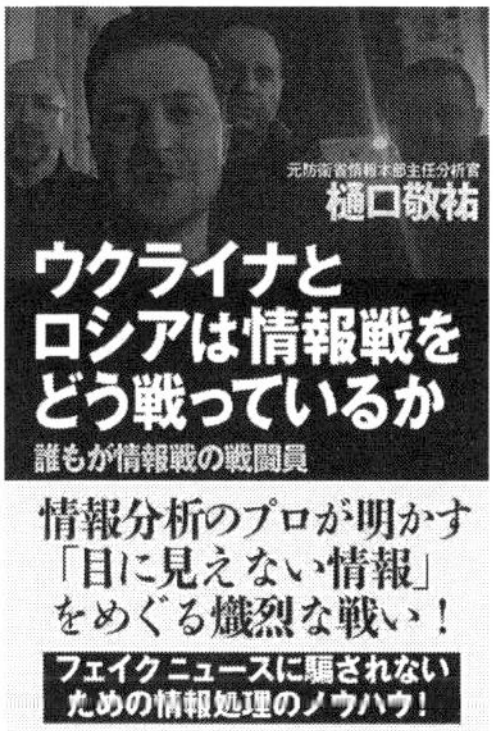

『ウクライナとロシアは情報戦をどう戦っているか』樋口敬祐（並木書房）

ロシアはゼレンスキーらを「ネオナチ」とするナラティブは効果なしと判断し、「テロリスト」と呼び方を変えた。フェイク画像はT:ikTokに投稿され、世界中に拡散する。ユーザーは一〇億人以上。すなわち『ニューヨーク・タイムズ』が逆立ちしてもT:ikTokには適わない。しかもT:ikTokは中国が背後にいる。

実際にウクライナの諜報機関が作成したフェイク画像の一例として、爆撃フェイク画面をあげる。

「これは国外で撮られた映像に二〇二〇年にレバノンで起きた爆発事故の音声を重ねた」フェイクだったと前掲書は指摘する。

ノルドストリーム爆破事件を克明に追及し、事故の発生から各国の対応、捜査の進展ぶりを段階を追って解析すると同時に、当時の国際情勢、とりわけ米英独の思惑、ロシアからのパイプラインで潤っていた西欧の経済事情、ロシアにとって爆破は何の利益にもならないことなどをチャートといくつかのポイントで、通信簿をつけるように評価していく。すると、残る疑惑は米国とウクライナの仕業だったということになる。

セイモア・ハーシェ

セイモア・ハーシュは、ＣＩＡの仕業だと報じたものの追跡調査がなされていない。

それにしてもパイプラインの破壊でガス輸入を絶たれ、致命的打撃をくらったはずのドイツが、なにも反応していないのは摩訶《まか》不思議である。

ソ連が崩壊したのになぜNATOは存続し、拡大しているのか？

ソ連が崩壊し、東側の軍事機構だったワルシャワ条約機構が消滅したのに、なぜＮＡＴＯ（北大西洋条約機構）が存続しているのか？

そればかりかＮＡＴＯが拡大しているのはおかしいと言い出したのが起業家のディビット・サックスだ。「賛成、私もそう思う」とイーロン・マスクがＸに投稿し、世界的ニュースとなった。

平均的アメリカ人にとって、トランプが唱える「ＮＡＴＯ

ディビット・サックス

諸国の防衛分担増」が政治の流れと認識している。NATO存続は不思議だとする議論になる。地政学、国際政治学からいえばまっとうな議論ではないが、これらの情報操作は米国大統領選挙に絡んでいるのである。イーロン・マスクが共和党支援に傾いたのは歴然としている一方で、NATOへの疑問を言い出したディビット・サックスの影響力に注目である。若い有権者にかなりの発信力があるのだ。

しかしサックスって誰?

下馬評で副大統領候補に挙がったこともあるD・J・バンス（上院議員）と同様に、ディビット・サックスもベストセラー作家である。

日本ではまるで無名だが、サックスは南アからの移住組（マスクと同じ）。シカゴ大学などを経てマッキンゼーから独立し、PAYPALの起業に参画した。瞬く間に大富豪の仲間入りした錬金術師である。この類いが若いアメリカ人に爆発的に受けるのだ。

サックスの政治信念はなきに等しく、カメレオンというより、時勢、情勢判断による打算で動く。ミット・ロムニー（二〇一二年、共和党大統領候補としてオバマに挑戦）に五万ドル寄付したかと思えば、民主党のヒラリー・クリントンに七万ドル。今回もデサンティス知事への大口献金で知られたが、同時にRKJ（ロバート・ケネディ・ジュニア）にも献金している。まったくの付和雷同組とも言える。

もう一人、注目の発言があった。

エリック・プリンスは「ブラックウォーター」の創設者である。ご記憶の読者が多いだろうが、ブラックウォーターは元グリーンベレー、シールズ、海兵隊ベテランを集めた戦争請負業だ。プリゴジンが率いた「ワグネル軍団」同様に悪名高き「戦争の犬」である。戦争の現場を知り尽くし、戦場の作戦も分かるからウクライナ戦争の今後が見通せる。

エリック・プリンス

このエリック・プリンスが「停戦に導くためには（西側が）ドネック、クリミアのロシア参入を認めなければなるまい。ウクライナの人口動態の激変を見ても、ウクライナは自ら国家を破壊した」と明確に言い放ったのだ。戦争専門家は、そういう見立てをしているというのが客観的事実である。蛇足だが、エリック・プリンスも軍人をあっさりと捨ててファンドを設立した。彼が設立した「フロント・リソース・グループ」は中国とアフリカ、中東に安全保障と兵站インフラのビジネスに集中して五億ドルを投資しているという。

「起業家」、「ファンド」、「財団」、そしてこれらを複雑に組み合わせての錬金術。これらのキーワードが米国の若者たちが注目するところである。

不思議な組織といえばEU委員会だろう。伏魔殿のように見えるのは欧州のワルが集まっているからだ。

そもそもEU議会は何のために存在しているのか？

NATOへのスウェーデン加盟に反対したハンガリーは最後には条件付きで折れたが、ハンガリー議会は批准を遅らせた。オルバン首相は「殆どの人はウクライナが（ロシアに）勝利するとは信じていない」と（ホントのことを）発言した。またタッカー・カールソンとのインタビューでオルバン首相は、「トランプが世界を救う。はやくトランプを呼び戻せ」と言った。ハンガリーはEU議会の問題児だ。

そのオルバン首相は二〇二四年三月八日、フロリダ州の別荘でトランプと会見した。外交礼儀上、バイデンと会うべきだろうが、ホワイトハウスには立ち寄ろうともしなかった。

トランプの邸宅「マール・ア・ラーゴ」が会談場所だった。オルバンは最後までスウェーデンのNATO加盟に反対し、土壇場での条件はスウェーデンのジェット戦闘機のリースだった。交換条件でハンガリーは予想外の収穫があった。同戦闘機SAAB（サーブ）は「スホイキラー」と呼ばれ、軽くて早くて安い。ウクライナが喉から手が出るほどに欲しい戦闘機である。オルバンはトランプと国境管理問題などで意見交換をした。「ウクライナとロシアの戦争は『彼らの戦争』だから西側は介入するべきではない」と主張した。

さてEU議会だが、欧州のどこを向いても保守政党が台頭している。

極左メディアはオランダ、イタリア、オーストリアでの保守政権の誕生を「極右」とレッテル張りして難じてきた。にもかかわらず、ドイツではAfD「ドイツのための選択肢」、フランスではルペン率いる「国民連合」が地方選挙で大躍進。第一党を占め、保守派が勢いづいている。

ウルズラ・フォン・デア・ライエンEU委員長は保守との「連立」を視野に入れた。もはや時代は変わったことを、遅ればせながら認識し

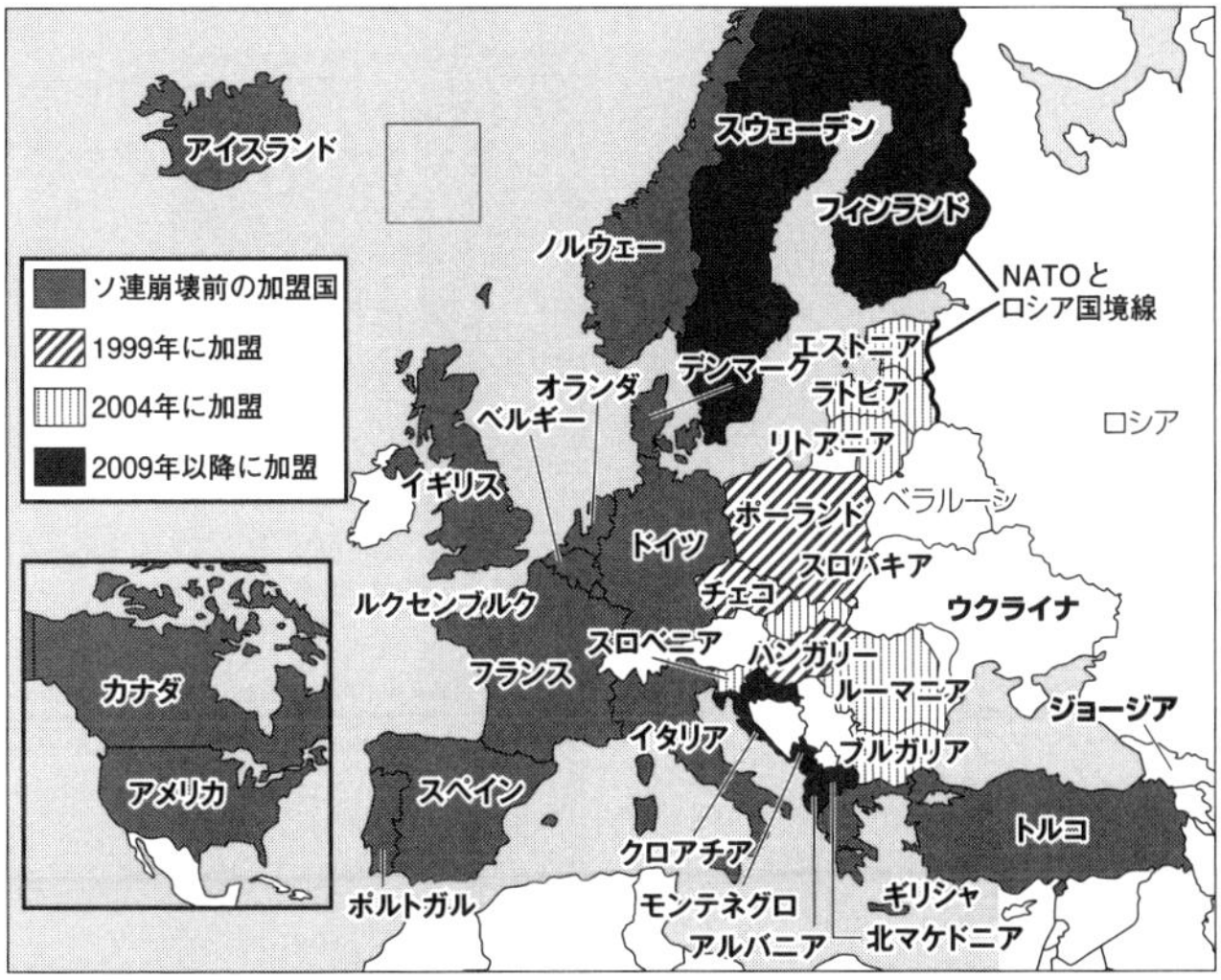

NATO の変遷

たのだ。喧《やかま》しく言われた環境保護、とくに気候関連法案を推進してきたフォン・デア・ライエンは安全保障、産業、気候変動への従来の姿勢を緩和し、大企業にとって受け入れやすいものにする政策変更することに重点を移す。

リベラルと左翼に乗っ取られていたEU委員会も多少は正常になるという兆《きざ》しである。

中国とロシアがハッカーの元凶である

日本で最初にハッカー攻撃の脅威を書籍で著したのは宮脇磊介《らいすけ》『サイバー・クライシス』（PHP研究所、二〇〇一年）だった。インターネットの通信革命が本格化したのが一九九〇年代、その頃は単に「ネット」と言われ、ハリウッド映画の邦題が『ザ・インターネット』（サンドラ・ブロック主演）。公開は一九九五年だった。

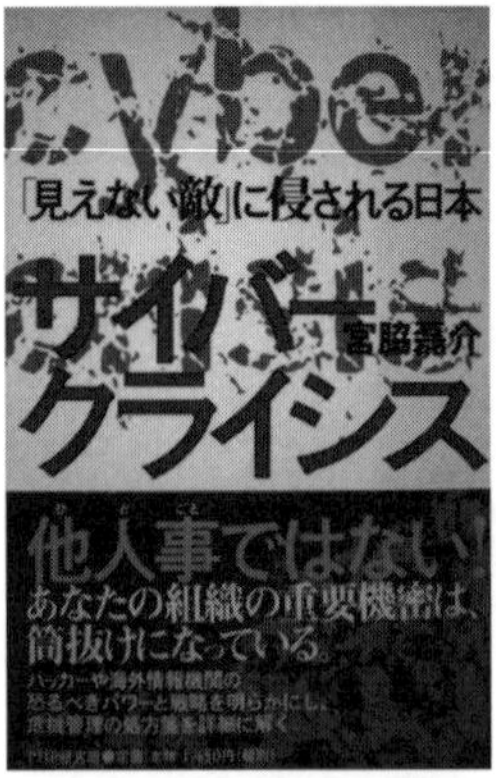

『サイバー・クライシス』宮脇磊介（ＰＨＰ研究所、2001 年）

この映画は犯罪集団が株価操作によりウォール街が大

混乱に陥る恐怖を描き出した。何か異常な通信の革命が起きていると考えた私は米国に取材し、『インターネット情報学』（一九九六年、東急エージェンシー、絶版）を世に問うた。

宮脇磊介は「日本企業や政府、官庁がハッカーや外国の情報機関によるサイバーテロの絶好の標的になっている」と警告し、ネット裏側で頻発するハッカーや海外の情報機関によるサイバー攻撃の実態を活写した。彼は元内閣広報官経験者だったので政・官界への影響力があった。

ハッカー集団は「日本の危機管理は甘く、格好の標的」と豪語していた。

CIAなど海外の情報機関が日本企業の情報を盗み、それを自国の当該企業などに流して日本企業との商談を有利に進めたり、破談にしたりしているとも宮脇磊介は警告した。

まさに「見えない敵」との戦いが激化していたのだが、日本の危機管理は緩褌《ゆるふん》だった。

宮脇は警察官僚であり、皇宮警察本部長から内閣広報官（中曽根政権）を務めた。退官後もハッカーの究明と、事件の概要のレポートなどを作成する個人事務所を開設し、筆者も何度か会ったことがある。

欧州のサイバーセキュリティ対策は米英とともに進んでいる。『欧州サイバー事故リポジトリー』（EUREPOC）の調査報告では、常習犯的なハッカーグループは六七九が確認されているとする。「リポジトリー」とは「貯蔵庫」「倉庫」の意味だが、転じて「データベース」

「アーカイブ」の意味で使われている。

同EUREPOCが二〇〇〇年から二〇二三年までの注目すべき「ハッカー事件」を調べてデータベース化したところ、ハッカー発信の国別シェアがまとまった。

発信元不明	四四・八％
中国	一一・九％
ロシア	一一・六％
イラン	五・三％
北朝鮮	四・七％
ウクライナ	二・六％
米国	二・三％
パキスタン	一・八％
トルコ	一・七％
その他	一三・四％

（出典：STATISTA）

国家そのものの政治宣伝目的のハッカーは全体の三分の一。そして身代金要求のハッカー集団は、エネルギー、発電、通信、医療機関、運輸などを攻撃目標にしている。

中国では民間企業の「アイスン(・iSOON)」などにハッカーの機密盗取などを委託していた。中国は米国官庁、大企業、ペンタゴン、ハイテクラボ、大学などから機密データを大量に盗み出していたことは周知の事実で、米国のサイバーセキュリティ庁(CISA)、国家安全局(NSA)、そしてFBIはこうした実態の脅威を何度も警告している。

日本の警察庁にはハッカー対策部隊があり、インターポールと組んで犯人逮捕に漕ぎ着けた。一段階進んで、コンピュータ・ウイルス、ランサムウェアで攻撃を仕掛けるハッカー集団「ロックビット」の主犯格二人を摘発した。

このランサムウェアは、ユーザーがPCやスマートフォンなどにアクセスできないようにして、相手に身代金を要求するソフトウェアだ。多額のカネを要求できそうな標的を選び、犯行の身元がばれないように暗号化する。被害者が要求に従わない場合、盗んだデータを違法に公開すると脅迫する。

ロックビットの標的は国家機関や医療機関、金融機関など。業務を妨害して多額の金銭を要求すれば、応じる可能性が高く、資金力のある組織を狙い撃ちするが、ロシアやCIS(独立国家共同体）の国々のシステムへの攻撃は意図的に避けている。日本の警察庁ハッカー対策部隊は、被害にあった団体や組織などのデータベースの復元に成功した。

ロシアでリベラルな立場に立脚し、プーチンに批判的なメディアは『モスクワ・タイムズ』である。同紙はプーチン政権から「外国の代理人」と批判されている。中国は共産党を批判し続けた『リンゴ日報』を潰し、創刊者のジミー・ライ（黎《れい》智《ち》英《えい》）を逮捕し、起訴したが、ロシアではまだ言論の自由が担保されている。

米国ではタッカー・カールソンのプーチンとの会見については賛否両論で、ヒラリー・クリントンは「彼はロシアの代理人になりさがった」と非難した。ホワイトハウスはインタビューの実現を妨害した。ウクライナの英字紙『キーウ・ポスト』にも次のコラムがでた。

「タッカー・カールソンのモスクワへの旅行は、内なる欲求不満を和らげ、誇大妄想を満たすために、自分を認めてくれる簡単な機会を掴む人々の長い伝統に従っている」。

敵のプロパガンダを宣伝し、売名に使ったのだという批判

ジミー・ライ（黎智英）

である。

共通していることは何か？

カールソンのインタビューの影響力を、罵詈雑言《ばりぞうごん》を並べて削《そ》ぐという左翼の戦術である。

スペインの人権団体「セーフガード・ディフェンダーズ」が二〇二二年一二月に公表した報告書によると、海外在住中国人を中国警察当局がダミーを駆使して監視、または強制帰国させているという。日本語では「中国派出所」と表現されたが、日本ばかりか欧米を含む五三カ国、一〇二カ所に非公式警察の拠点を設置したという衝撃の報告だった。

二〇一二年から開始された「キツネ狩り作戦」（汚職官僚を海外から連れ戻す）では、およそ一万人の中国人が強制帰国となって処分された。家族を脅迫するなどの手段が駆使された。中国警察派出所は、安宿、ホテル、飲食店などに偽装している。

香港では民主主義を死に至らしめた。

香港を完全に制圧した中国は、国際公約だった「五〇年間の一国二制度」をあっさりと反古《ほご》にし、英米を激怒させた。当時のトランプ政権は強硬な香港制裁に踏み切った。二〇二一年三月三〇日には全人代常務委員会が「香港基本法」（憲法らしき法律）の「付属文書」を静かに修正した。

香港住民が選ぶ直接選挙の立法委員の枠を三分の一から五分の一にしてしまった。これでは香港住民の民意が政治に反映されるわけはない。そのうえで、『リンゴ日報』の創刊者ジミー・ライを逮捕して事後法による裁判にかけ、同紙を強制的に廃刊させた。

二〇二四年二月二日、米国連邦議会下院の「中国問題委員会」共同委員長のクリス・スミス下院議員とジェフリー・マークリー上院議員は、ノーベル平和賞委員会に宛てた書簡のなかで、香港の『リンゴ日報』の創業者で中国の全体主義と闘うジミー・ライがノーベル平和賞にふさわしいと推薦した。

ジミーは雨傘運動のときから自らのポケットマネーおよそ五〇〇〇万円を投じて、自由民主の学生運動を鼓舞したことで知られる。香港自由化のイコンと讃えられる一方、中国共産党からは目の敵にされた。日本のメディアは「民主の女神」と呼ばれる女性運動家のアグネス・チョウ（周庭）に焦点を充てていたが、本当の運動の基軸にあったのはジミー・ライである。とうとう『リンゴ日報』は潰された。前述の米国議員らは、香港で冤罪《えんざい》

雨傘運動（2014 年香港反政府デモ）

によって起訴され、裁判中のジミー・ライと、ほかにチベットとウイグルの活動家三人をノーベル平和賞に推薦した。

「これらの人物はノーベル平和賞の精神を体現しており、当然のことながら受賞に値する」とスミス、マークリー両議員は推薦の辞を述べ、「ノーベル平和賞は、中華人民共和国で基本的人権の行使に奮闘している人々に勇気を与えるでしょう」

彼らはジミー・ライらの釈放も求めた。

不当裁判への批判は西側の人権活動家の間に強く、台湾でも著名な知識人等がノーベル賞推薦の署名運動を展開した。

過去にはチベットの精神的指導者ダライ・ラマ猊下《げいか》と、平和希求の活動家だった劉暁波《りゅうぎょうは》が「改革と人権擁護」の功績によりノーベル平和賞を受賞している。

カナダへ亡命したアグネス・チョウ女史を香港当局は国際手配した。

ダライ・ラマ

アグネス・チョウ（周庭）

二〇二〇年六月三〇日に「国家安全維持法」を施行し、これを法源として「国家安全維持公署」と「国家安全維持委員会」を設置した。後者の権限は香港行政長官より上位におかれた。すなわち香港行政長官なるポストは、「中国の傀儡」でしかないことを事実上宣言したのである。

この二つの新組織は国家安全部（「国安部」は「国、暗部」とも言われるが「公安部」とは別組織である）の出先機関で、同時に民主活動家弾圧の実働部隊だ。そのトップは「香港マカオ台湾事務弁公室」である。

中国は全土にスパイ網を精密に張り巡らし、インターネットとスマホの監視体制を構築した。この新方針は、二〇一四年四月に打ち出された「総体国家安全観」という概念規定を基礎にして、同年一一月に「反スパイ法」が、二〇一五年七月には「国家安全法」が、そして二〇一七年六月には「サイバー・セキュリティ法」が施行された。新しいネット通信網を完全に監視下に置いたのだ。ただし国民のアクセスを調べるために二〇二〇年九月にグーグル、ユーチューブ、インスタグラム、ニューヨーク・タイムズ等へのアクセスを一時緩和した。これは潜在的な反政府分子のあぶり出しを目的とした措置だった。

二〇一七年六月には「国家情報法」が制定された。日本人をスパイ容疑で逮捕できる法源はこれである。中国公安部の本部は北京市東長安街一四にあり、この弾圧マシーンに従事する要員は合計で一九〇万人とも言われる。

そして「天網工程」（スカイネット・プロジェクト）と「雪亮工程」（シャープ・プロジェクト）を立ち上げた。前者はAI監視カメラ網が主力、後者は地方政府の犯罪防止網である。

中国人のおよそ一〇億五〇〇〇万人が所有するスマホも監視する。国民のデータを吸い上げるため、スマホ会話ならびに通信記録などのデータが掌握されている（ガラケーは監視対象とはなっていないので、意図的にガラケーに換える人もいるが、逆に監視されるそうだ）。

こうしたノウハウを積んで「IJOP」（一体化連合作戦平台）が設置された。中国ハッカー部隊の本拠は32069部隊、台湾向け心理戦は311基地を拠点としており、日本を標的とするハッカー部隊は「61419部隊」（青島）、「65016部隊」（瀋陽）と、もう一つ「72950部隊」が済南に拠点を置く。

アイスン社（イスンとも言う）の「中国版スノーデン事件」とは次のようなものである。

中国政府と契約する民間のサイバーセキュリティ企業「アイスン」社（・iSOON＝上海安洵信息）から大量のデータが漏洩し、GITHBUに情報が送信された。これはアイスン社のハッカーが一〇数カ国の政府の機密データを盗取していた明らかな証拠と、米セキュリティ企業「センチネルラボ」とイスラエルの「マルウェアラボ」が明らかにした。

中国の所謂《いわゆる》「民間企業」が外国政府などのソーシャルメディア・アカウントに侵入し、ハッキングしていた事実が明らかになったのだ。「マルウェアラボ社」は「アイスン社がインド、タイ、ベトナム、韓国などの政府機関に侵入していた」と分析結果を公表した。アイスンは上海が本拠で、北京、四川、江蘇、浙江省など中国全土三二の自治体にオフィスを持つ。

中国のサイバーセキュリティ企業の大手で国家安全部、公安部などとも契約しているが、同時にAI開発やソフトウェア設計などに携わり、中国の科技系大学でコンピュータ競技大会などを主催し、人材をスカウトしてきた。設立は二〇一〇年と若く、背後に国家ぐるみの政策企業であることを窺わせる。顧客は地方の警察や行政機関で、監視の最前線が必要とする情報だからである。

「センチネルラボ」の報告によれば、「香港の民主主義組織や大学、NATOからもデータを盗取していた。今回の漏洩は、これまでに公にされたハッカー事件のなかでも、最も具体的なデータであり、中国のサイバースパイ活動の〝成熟した業務〟を示している」とした。

カウンターハッカーの専門家は、「中国アイスンから流出した文書が証明しているように、第三者として請負い、サイバー領域における中国の攻撃的作戦の多くを促進し、実行している」

と分析する。なぜなら中国政府は「民間企業のやっていることに関知しない」と言い逃れができるからだ。

センチネルラボは「SNSの、たとえばXの個人のアカウントに侵入して、個人の活動を監視し、プライベートメッセージを読み取っていた。またアップルの携帯電話のオペレーティング・システムに侵入する方法や、データを抽出してハッカーに送信できるパワーバンクなどのハードウェアが含まれていた」

ということは、もしXに投稿し言論を展開していたら、プライバシーまで中国に把握されていることになる。アイスンの手口は、複雑な二段階以上の認証をくぐり抜け、正規のソフトを擬装するノウハウを獲得していたという、ハッキングの「質の高さ」の証明にもなる。

とくに注目すべきは、アイスン社が中央アジア、ASEAN加盟国の首相官邸から新疆《しんきょう》ウイグル自治区政府とも契約していた事実である。

まさに他国の重要なネットに「トロイの木馬」をつくっていたのだ。また、偽画像を瞬時に作成する能力も備えていた。

専門家は「同社は、パキスタンとアフガニスタンの対テロセンターを標的とすることを含め、これらの任務を実行する能力がある。過去にハッキングした他のテロリストらの標的をリストアップした」などの実態も浮き彫りとなった。

しかし、その後の分析情報では、アイスンの社内の会話も流出。給与が安いのに長時間労働という過酷な就労条件の不満がくすぶり、上司が賃上げを呑んだのに実行せず、彼自身は14万ドルの自動車を購入していたことなど社員たちの不満まで流れ出た。

「ミュンヘン安全保障会議」（二〇二四年二月一六日～一八日）がドイツで開催された。テーマは「規制、ガバナンス、テクノロジー（特に人工知能テクノロジー）の利用」。

このミュンヘン会議は西側諸国を中心に、毎年二月にドイツ南部のミュンヘンで開かれ、民間機関が運営する、外交・安全保障分野の「ダボス会議」とも呼ばれる。

日本からは三宅防衛政務官が参加し、リトアニア、フィンランド、エストニアの国防大臣等と会談した。

グーグル、マイクロソフト、オープンAIのトップが参加し、「国家ハッカー集団によるチャットGPTの敵対的使用調査報告書」を発表した。AI（人工知能）の安全かつ責任ある使用を積極的に支援するとグーグルの幹部等が表明した。

ミュンヘン会議で注目されたのは、マイクロソフトとオープンAIが「イラン、北朝鮮、ロシアなどのアカウントを停止した」と述べたことだ。インドは別の理由でグーグルやXの利用を厳しく規制している。

ワルも落ちた債務の罠

「債務の罠」とは、「中国が展開した海外プロジェクトにおいて、新興国など債務国が中国から借りたカネの返済ができなくなり、国際機関から有形無形の拘束を受ける状態」を意味する。債務の代償として中国は合法的に権利を取得することになるのだ。

スリランカのハンバントタ港、パキスタンのグアダール港などが代表例である。この「債務の罠」というタームは、インドの地政学者ブラーマ・チェラニーが中国の一帯一路プロジェクト外交と搦《から》めて提議したのが最初だった。

債務国は返済計画も杜撰《ずさん》で、放漫な財政政策や経済運営など「モラル・ハザード」が起こる。一方、債権国（すなわち中国）は相手国の過剰債務を梃子《てこ》として政治武器化。債務国を経済的支配下に置く戦略が隠されていた。ジブチがその典型だろう。同国は一万人の中国軍基地の造成を認めざるを得なくなった。

しかし債務国が罠に落ちることもさりながら、あまりに肥大化し、膨張した中国の債権は、債務国に返済能力がないわけだから、事実上の「不良債権」である。むしろ中国自身が逆ブーメランのごとく「債務の罠」に陥没する。

中国の官吏の特徴は文豪の林悟堂《りんごどう》が言ったように「賄賂賄賂賄賂賄賂」である。海外プロジェクトほど、賄賂と汚職の蔓延を誤魔化せる分野はない。政府の交渉人、窓口の役人、融資する銀行、資材企業、労働者斡旋起業、運送会社などなど。海外の実情を当局はすぐに把握できないため、「汚職の伏魔殿」と言われた。

不良債権の山とは汚職の積み重ねの結果でもある。

習近平が二〇一三年から開始した「一帯一路（BRI）」ではアジア・アフリカから中南米、南太平洋の島嶼国家に至るまで、インフラ建設が目白押しになった。どの国の山奥へ行っても中国企業の看板があった。

たとえばパプアニューギニアの国際会議場は中国が建てた。東チモールの山奥でも中国企業の旗が立ち、そこで橋梁工事をしていた。「JICAが金を出し、中国企業が請け負う」という定番である。対外宣伝で中国はBRIに一兆ドルを注ぎ込んだとしているが、実質上七〇〇〇億ドル前後をBRIに投じた。そして大規模な汚職が進行していた。

しかし、変化が起きた。これは注目である！

中国の汚職摘発機関（中国共産党中央紀律検査委員会＝ＣＣＤＩ）は〝ＢＲＩ汚職〟の捜査を開始した。「一帯一路構想による海外の建設プロジェクトを捜査対象に挙げた」とインド、香港のメディアが報じた。腐敗の防止・対策・摘発に重点が置かれているという。

これまでのＣＣＤＩの捜査実績は国内が対象だった。「長江公司事件」では、当時北京市党委書記で、大規模な汚職事件に密接に関わった陳希同《ちんきどう》（北京市党委員会書記）を政治局員から解任。中央紀委書記だった尉健行《いけんこう》が北京市の党委書記を兼任した。陳希同は江沢民最大のライバルだった。

古参幹部だった陳希同は江沢民を小僧扱いしていた。

「遠華密輸事件」ではＣＣＤＩ副書記だった何勇が陣頭に立って捜査にあたった。主犯はカナダに逃亡したが、一〇年後に中国に送還された。この間に関係者の多くが不在となって、真相はいまも謎のままである。

ＣＣＤＩの歴代書記は朱徳、董必武《とうひつぶ》、陳雲、喬石《きょうせき》ら党の大物が務めてきた。一九九二年頃から党の序列人事となって尉健行、呉官正、賀国強らがポストに就いた。

習近平時代には、このポストを政治の武器として活用することが露骨になった。辣腕家の王岐山が登板し、江沢民派、団派という敵対派閥、ライバル派閥の汚職にだけメスを入れた。これは同時に習近平派がライバルから利権を手に入れたことを意味する。その後、汚職追及の責任者となった趙楽際《ちょうらくさい》は、自らも多くの汚職に手を染めていたため辣腕を振るえず、二〇二二年からは李希《りき》が中央紀律検査委員会を率いた。

これまで李希CCDI書記は国内の汚職の温床を捜査対象としてきたが、海外プロジェクトが絡むと外国の政治家や国際金融機関が絡んでくるため、対外的な対応ができる権限を持った新組織が必要だと提議してきた。

習近平は二〇二四年一月九日に「中国共産党二〇期中央紀律検査委員会第三回全体会議」を召集し、こう強調した。

「反腐敗闘争は強力な腐敗撲滅キャンペーンを経て、圧倒的な勝利と全面的な強化を得た。しかしながら情勢は依然として厳しく複雑である。我々は反腐敗闘争の新たな状況と動向に対する冷静な認識、腐敗問題が生まれた土壌と条件に対する冷静な認識を持つ必要がある」

つまり、同委員会の改革を示唆したのである。

現在の中央紀律検査委員会書紀は、政治局常務委員で序列七位の李希である。この人物は、福建閥でも清華大学閥でもない。他の政治局常務委員はなんらかの腐れ縁があって、習ファミリーにおける習の子分たちだ。

ところが、李希は習のミウチではないのに、どうして大出世が可能となったのか？

李希は甘粛省生まれ。蘭州市の秘書長になるまでは地味な、まるで目立たない地方官吏でしかなかった。陝西省に飛ばされ延安市書記になった頃、突如、ツキがまわってきた。李希が陝西省延安市トップの党委書記を務めていた頃に習近平がやってきたのである。

共産革命のメッカと言われる延安は、毛沢東の「長征」の終着駅だ。革命の聖地と言われる。実態は、毛沢東らが穴蔵に籠もり、共産革命の美名に酔って馳せ参じた女たちとハーレムを築いた。

その延安のはずれ、梁家河村は、文化大革命のころの「下放運動」で習近平が一五歳から七年間過ごした場所なのである。洞穴のような横穴式住居に暮らし、農民になり、苦しさに耐えた青春時代を習近平は懐かしむ。延安市党書記だった李希は「全力をあげて梁家河村を『模範村』とし、党中央や習近平同志に安心してもらおう」と呼びかけた。中国式おべんちゃらの典型である。

その後、李はとんとん拍子の出世階段を驀進し、二〇一一年に上海市副秘書長、二〇一四年に遼寧省長、二〇一七年に政治局員となって広東省書紀（上海、広東は出世コースの一つ）、そして二〇二二年にトップセブンにのし上がった。

何を言いたいかというと、つまり習近平政権は、能力による査定で幹部を選んでいるのではない。習への忠誠心（別の言葉で言うと胡麻《ごま》すり）を選定基準としていることである。

EVの黄昏、スマホ市場の激変

日本の街中で、私はまだBYD（中国最大のEV車）を見たことがない。テスラは一度だけ見た。静かなエンジン音だが巨体である。路地裏には入れないだろうと思った。

フィジーやパプアニューギニアでは旧宗主国英国のボーダフォンが天下だった時代は終わった。中国製の格安スマホであるオッポ（OPPO）、小米（シャオメイ）がファーウェイと並んでいて、韓国企業のサムスンのモデルショップもある。ミャンマーの山奥でもファーウェイ販売店があった。

アフリカでは、日本人の聞いたことのない携帯電話「TECNO」「ITEL」「INFINIX」という三つのブランドがシェアを広げている。すべて中国企業「伝音」の製品で、アフリカでの普及率はじつに四八％だ。中国製品は3G適用。ガラケーに一つか二つ機能が付いた程度で、これはスマホではなくガラケーの範疇《はんちゅう》であり、「フューチャーフォン」と呼ばれる。

アフリカでの普及は気候、湿度、肌の色を考慮した外装など、マーケティングを重んじたPRの成功もあるが、加えて頻発する停電への対応もあった。アフリカ諸国の所得平均から値段帯を設定すれば高価なスマホ普及の可能性はまだまだ先である。

「伝音」製品は、それまでアフリカ市場を席巻していたノキアを駆逐した。とくにナイジェリア、タンザニア、エチオピア市場で圧倒的である。

伝音の携帯電話は中東から南アジアでも強く、パキスタンでの市場占有率は四〇％、バングラデシュで二〇％、かの中国嫌いのインドでも七％のシェアを誇る。

ちなみに、フィリピンの携帯電話市場も中国の天下で、シェアはオッポが一八％、リアルミー（中国製格安品）が一七％、ビボ（米国）が一六％、トランシオン（伝音の英語名）が一五％である。サムソンは九％のシェアしかない。上位四社のうちの三社が中国だ。

日本の携帯電話のシェアはアップルが五七・四％とダントツで、二位のグーグルが九・八、シャープが七・三、ソニーが六・一％である。OSのシェアはアイフォーンが五〇・〇％、アンドロイドが四九・七％と伯仲している。「伝音」ブランドの携帯電話は見たことも聞いたこともない。

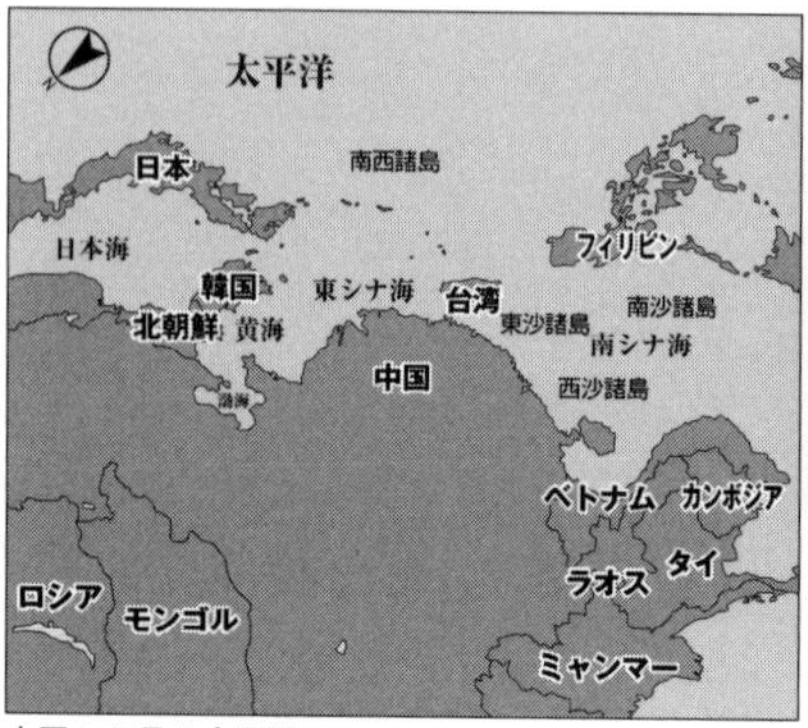

中国から見る太平洋

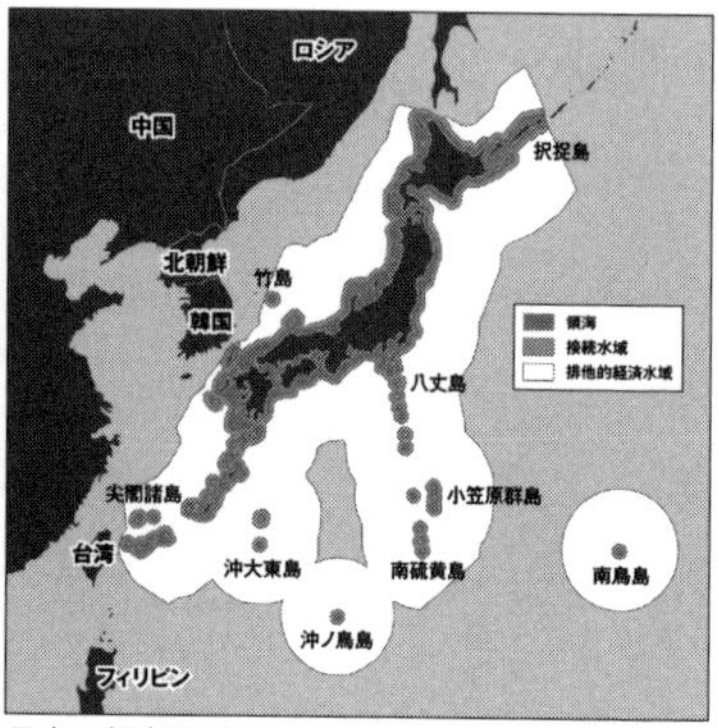

日本の領海の図

中華人民共和国の行政区分と周辺国

エピローグ

米国で現代版の南北戦争が ホントに始まった

ささくれ立ち、いがみ合いから、まもなく暴力による決着となる

米国の国論はもともと分裂していたが、二〇二二年の中間選挙では「中絶」が最大の争点となり、中西部から南部にかけてのファンダメンタルズが多い州は中絶反対、東海岸と五大湖周辺と西海岸は中絶是認と真っ二つに分かれた。

同時にジェンダーアイデンティティ論争で、世論は完全に分裂している。

オバマ政権で男女平等、フェミニズム、ジェンダーギャップ論争がひどく歪曲《わいきょく》された。男性でも女を自覚すれば女性用トイレを使い、ついにはミスター、ミセス、ミスとは呼ばずＭＸとなった。ビジネスマンはビジネスパーソンに、マン・オブ・ザ・イヤーはパーソン・オブ・ザ・イヤーとなった。

バドワイザーで知られるビール製造大手アンハイザー・ブッシュは、トランスジェンダー女性のインフルエンサーを広告塔に起用したところ猛烈な不買運動が起こり、売れ行きが三割減となった。反ＷＯＫＥ運動もアメリカでは津波のように大きくなった。

しかしLGBTの行き過ぎは少しも是正されていない。SNSが、学校が、そして医療が煽る一方、政治が無作為であるため、国民も正しい判断をできないという、恐ろしい流行現象が多くの悲劇を産んだ。

アビゲール・シュライアー著、岩波明＝監訳、村山美雪・高橋知子・寺尾まち子＝共訳の『トランスジェンダーになりたい少女たち』（産経新聞出版）はヘイトではない。しかし、ヘイトだと因縁をつけられ、最初に契約した日本の出版社が怖じ気づいた。言論の自由への弾圧、それも見えない勢力が書店にまで執拗に脅迫を続けたため、現代版の「焚書《ふんしょ》」扱いを受けた。

LGBT法をアメリカ大使の圧力で瞬間的に成立させた岸田政権の無定見により、この深刻な問題は、明日の日本を確実に襲う。もはや美輪明宏や美川憲一の時代ではないのだ。

日本ではメディアが「それっ、アメリカに追いつけ」とばかりに過剰に煽り立てる報道をしているが、幸いなことに日本の医療と教育現場は慎重である。というより、「アメリカはおかしいのではないか」と心のなかで密かに考えている。日本では、アメリカのように性転換手術を強要したり、

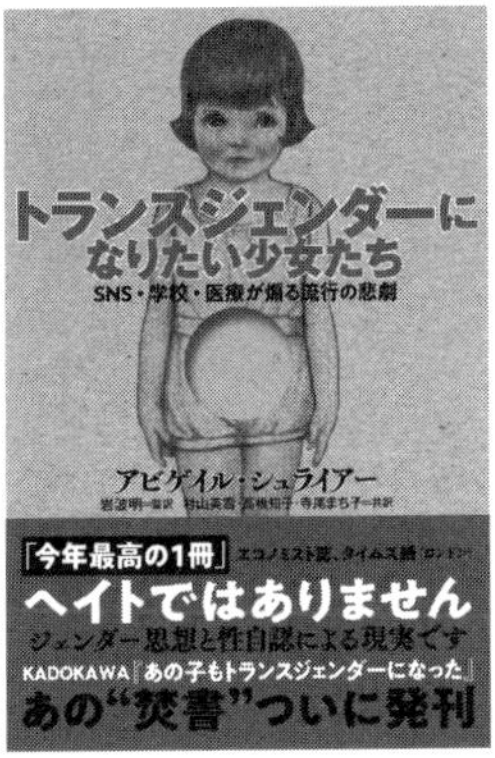

『トランスジェンダーになりたい少女たち』アビゲール・シュライアー著、岩波明＝監訳、村山美雪・高橋知子・寺尾まち子＝共訳（産経新聞出版）

セラピストが強く推薦したりという事例は少ない。

アメリカは少女たちがトランスジェンダーになりたいという変な流行の渦に巻き込まれている。極左や活動家がヘイトだと攻撃する理由は「トランスジェンダーの人権」であり、精神的に幼い、自閉症気味の少女が狙われる。自分の精神的な不調は性別違和が原因だと思い込むSNSが吹き込む。セラピストが煽る。場合によって教員までが同調する。

最悪の先導者がユーチューバー、TikTokにおけるインフルエンサーという存在である。ネットで社会破壊、家庭破壊を狙う悪魔たちだ。前掲書の監訳者、岩波明（医学博士）が言う。

「かつて『性同一性障害』と呼ばれた『性別違和』という現象（症状）は、自分の生物学的性別に激しい不快感、嫌悪感をもつもので、通常は就学前、あるいは小児期にこれを自覚する」。医療における問題点に六カ月という制限はあるものの、「殆ど横断面だけの症状で診断が可能になる」という大きな欠陥がある。

少女がもし手術を受けてしまったら、その一生はどうなるのか？　LGBT推進など少数派でしかないのに極左メディアが支援するため、過大な声となっている現実を私たちは直視する必要がある。

かように「先進国」という幻想に取り憑《つ》かれたアメリカの流行を日本は容易に受け入れるべきではない。

ジョセフ・ナイと言えば代名詞が「ソフトパワー」である「グローバリズム妄想主義者」。民主党贔屓で、エセ知識人の代表格だろう。『文明の衝突』を書いたサミュエル・ハンチントンや、世界的ベストセラー『大国の興亡』のポール・ケネディらの論敵がジョセフ・ナイだ。熱心な民主党支持者と知られ、その上から目線の日本論など片腹痛いとする人が多い。フランシス・フクヤマの『歴史の終わり』のような史観のいかがわしさがある。フクヤマの予測は見事にはずれた。日本のメディアが持て囃《はや》すジャック・アタリも名前こそ「あたり」だが「はずれ」が多い。

それにしてもジャック・アタリとか、エズラ・ヴォーゲルとか、「知日派」などと言っても、日本の何処を見ているのか。ハンチントンにしても日本は「独自文明」とは言いながら、その具体的

ジョセフ・ナイ

サミュエル・ハンチントン

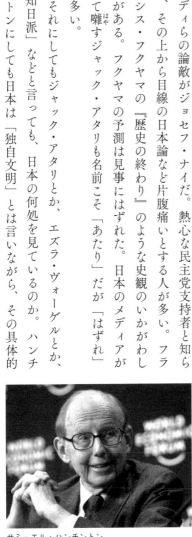

記述はない。ナイ教授はハーバード大学ケネディスクール学長を務め、民主党政権の高官を二回。クリントン、オバマ政権を渡り歩いて、リチャード・アーミテージらと並んで「ジャパン・ハンドラー」と呼ばれた。

とくにオバマ政権で駐日大使を希望したらしいが、オバマは別人を指名した。国務次官補時代には、在日米軍が沖縄に集中しすぎ、ミサイル配備増加は意味がないなど、国防政策にも一家言を持つ。

「ソフトパワー」論があたったので、次は「スマートパワー」、そして「インテリジェント・パワー」など、思いつきでしかない流行の議論に興味があったようだ。

米国のソフトパワーにしても、ハリウッド映画は衰退し、インド、中国の追い上げがあり、アニメは日本にかなわない。音楽はテイラー・スウィフト？　文学はフォークナーもヘミングウェイもいない。絵画も前衛画家ばっかり。米国のソフトパワーは脅かされている。

それにしても、極左のジャック・アタリとかニアル・ファーガソンとか、当たるも八卦《はっけ》当たらぬも八卦。しかし、グローバリストの信奉者でもあり、『アメリカは衰退するか』のなか

ジャック・アタリ

でジョセフ・ナイは大統領をランク付けし、FDR（フランクリン・ルーズベルト）、トルーマン、アイゼンハワー、ブッシュシニアが優秀であり、劣位がジョンソン、ニクソン、ブッシュ・ジュニア、トランプとなる。

この評価付けだけをみても、ナイの狭量、その歴史の見方はイデオロギー的に偏っていることがわかる。

トランプを評価しない点では共和党主流派のリチャード・アミテージらと同列で、『国際秩序を守るためのアメリカの関与について、道義的な選択に直面するが、外国の力の興亡よりも、アメリカ国内の排外主義の台頭の方がより大きな脅威だ」とトランプらを攻撃するわけだ。

そのナイが『サウスチャイナ・モーニングポスト』（二〇二四年四月二日）の独占インタビューに応じて、「米中全面貿易戦争の可能性は低いが、ソフトパワー格差は続くだろう」と指摘しつつ、経済に関しては、「中国の脅威を誇張すべきではない」とおかしなことも言っている。

日本のメディアや学界がいつまで経っても欧米の頓珍漢な学者を重宝するのか。そうした日本の知的レベルの自立精神のなさが嘆かわしい。

占領政策の残滓《ざんし》がまた日本を蔽《おお》っている。

南部諸州がバイデン政権の移民政策に叛旗——「シン南北戦争」が始まった

衰退一途の大国に日本はいつまで安全保障を依存するのか？

この大命題が日本の国家としての根幹にかかわる。自主防衛は独立国家としての防衛力に立脚したうえでの集団安全保障体制の再構築になる。

バイデン政権になってから不法移民は一二〇〇万人を超えた。トランプ前政権はメキシコ国境の取り締まりを強化し、高い壁を構築して対処した。にもかかわらず四年間に四七〇万の不法移民が米国に「侵入」した。マフィアが密航ルートを開拓し、また秘密のトンネルをあちこちに掘って、カリフォルニアと繋いだからである。まるでハマスの地下要塞！

バイデン政権になると、不法移民に対して「キャッチ＆リリース作戦」を命じた。捕まえるが、すぐに釈放。これは「しめた！」とばかりドッとメキシコ国境からカリフォルニアを目指す。アリゾナ州へ、ニューメキシコへ、そしてテキサスへ。とりわけカリフォルニア州は極左知事ギャビン・ニューサムが治めるから移民に寛容である。ニューサムは同性婚も率先して認める「進歩派」である。

アリゾナ州も悲惨な状況となった。野球キャンプ、ＴＳＭＣの進出、インテルの工場拡大と雇用増加で景気浮揚が見られるはずなのに不法移民のもたらす新たな危機に襲われている。アリゾナ州の国境対策は取締体制の弛緩、壁建設の遅延に加え、対策資金が枯渇した。不法移民流入を防げないとなるとカリフォルニア、テキサスと並んで不法移民が殺到するのは必然の流れとなる。

アリゾナ州知事は民主党のケイティ・ホッブス。国境対策に予算増額を表明し、キルステン・シネマ上院議員（民主党から無所属）とマーク・ケリー上院議員（民主党、元宇宙飛行士）も同調した。民主党がカメレオンのように立場を変えたのだ。

二〇二四年一一月の改選選挙ではシネマが不出馬となるので共和党候補が有利と伝えられている。アリゾナ州ヘレフォード国境では過去数カ月に最大の不法移民が通過した。国境近くの牧場主などは、「壁が完成していないために〝侵略〟されているのです。そのうえ必要な人員を配置していません」と『ワシントン・エギザミナー』紙の取材に答えている。

ケイティ・ホッブス

アリゾナ州を通過する不法移民はヒスパニックが主で、同州のヒスパニック人口は急増、じつに三割を越えた。これがいかに深刻で切迫した問題かといえば、たとえば埼玉県川口市のクルド人の人口が同市の三割となったらどうなるかを考えて見ればいい。

元凶はオバマ政権時代の「DACA」である。だからオバマ路線の延長でしかないバイデン政権を「オバイデン」と呼ぶのだ。

DACA（Deferred Action for Childhood Arrivals）とは「アメリカンドリーム」を抱いて米国へやってきた若年に対しての強制退去の延期措置。二〇一二年六月に導入された寛大な移民政策だ。一六歳の誕生日前に入国し、就学中であり、高校の卒業資格を持つか、軍隊から名誉除隊しており、有罪判決を受けておらず、国家安全保障に脅威を与える危惧《きぐ》がない等を条件とする。

二〇一七年九月にトランプ大統領はDACAを撤廃した。ところが連邦最高裁判所は、撤廃決定を「専断的で根拠を欠く」行為と認定し、ドリーマー救済廃止案を棄却した。

だから不法移民は急増し、バイデン政権時代だけで一二〇〇万の不法移民が流入して、治安が極度に悪化した。二〇二四年の大統領選挙において最大の争点は不法移民問題である。

「人権」を振りかざす左翼首長の諸州は、不法移民にテント村に三食付き。登山やキャンプ村のテントより豪華なものを供与した。ロスアンジェルスもサンフランシスコも、不法移民のため財政負担が急増し、凶悪犯罪が急増して極度に治安が悪化した。万引きも九五〇ドル以下なら放免。にもかかわらず極左団体とリベラルなメディアは「人権」を楯にして不法移民に「寛大な」姿勢で臨んだ。

カリフォルニア州、シカゴ、ニューヨークばかりか、全米の地方都市、田舎町でも治安は悪化した。ニューヨークのタイムズスクエアでピストル乱射、日本で言えば銀座四丁目が無法地帯に化したようなものだ。二〇二四年三月時点でニューヨークのホームレスは九万人を超えた。

テキサス州はまるで違う態度をとってきた。不法入国者をバスに乗せ、「移民に優しい」極左首長のニューヨーク、ペンシルバニアへ送り届けたのだ。ニューヨークではシェラトンホテルなどに不法移民を一時的に収容し（シェラトンは一泊、五万円はする！）、テント村を設営し、三食を提供した。

当然ながら市は財政不安で悲鳴をあげる。すると不思議なことにカナダがこうした移民を受け入れると発表し、かなりの不法移民がモントリオールへ移動した。極左政治家トルードー首相はカナダを左翼の天国とした。かくて大統領選挙を前に不法移民が選挙の争点のトップとなった。

「ウクライナ？　もう援助はやめよう」というのが国民多数の声となった。
イスラエル問題では、米国の伝統的な外交（イスラエル支援）も変化したが在米ユダヤ人が主に騒いでいるだけで大きな争点ではない。

テキサス州知事は、バイデン政権の意向に反し、しかも最高裁の違法判決をもろともせず、国境の町イーグル市リオグランドの八〇エーカーの敷地に〝軍事基地〟を建設したのである。「前戦作戦イーグル基地」と命名し、最大二三〇〇名の州兵を置く。とりあえず州兵一八〇〇名を駐屯させ、不法移民排除を徹底している。

テキサス州は全米で「テキサン」と呼ばれるほど独立心の強い独特の政治風土を持つ。現在のアボット知事は共和党のタカ派だ。テキサス州選出の上院議員は茶会を基盤とするテッド・クルーズとジョン・コーニン。ともに共和党で対中タカ派としても知られる。

不法移民が急増したことを受け、二〇二三年九月にアボッ

グレッグ・アボット

ジャスティン・トルードー

ト知事は「これは南部国境への侵略だ」と明言。そのうえでカミソリ・ワイヤー（有刺鉄線）や回状柵の設置などで国境を確保するよう命じた。

ところがバイデン政権はテキサス州を訴え、連邦最高裁判所は連邦職員がカミソリ・ワイヤーを撤去できるとの判決を下した。「人権」と「人命尊重」を理由に。

テキサス州はバイデン大統領の移民政策に反対してきた。ロジャー・ウィッカー上院議員（共和党、ミシシッピ州）は二〇二三年五月、テキサス州など南部国境沿いの壁の拡張のために数百万ドル相当の予算転用を国防総省に認める法案を提案した。国防総省が壁パネル等の保管に年間四七〇〇万ドルを費やしている。

テキサス州の自衛権を支持するために二七州の連合が結成された。南部国境諸州はテキサス州に州兵を派遣し始めた。州知事はかならずしも共和党ではない。

この事態の変化に留意すべきだろう。まるで南北戦争前夜だ。

ジョン・コーニン

テッド・クルーズ

クリスティ・ノーム（ノウスダコタ州知事。共和党）は二〇二四年二月二〇日に声明を発表し、州兵六〇名をメキシコ国境に派遣するとした。

「国境はすでに交戦地帯です。テキサス州のグレッグ・アボット知事の国境警備への支援要請に応じます。兵士たちの主な任務は、米国への不法移民、麻薬カルテル、人身売買の流入を阻止するための壁の建設です」

ちなみにノーム知事（女性）はトランプ大統領候補の「副大統領」チケットに名前があがった有力政治家である。

ルイジアナ州のジェフ・ランドリー知事（共和党）は州兵を五〇人ずつ三交代で三カ月、テキサスに派遣すると発表した。

フロリダ州のロン・デサンティス知事はテキサス州の南部国境の確保を支援するため、州兵、州兵予備役、高速道路パトロールの警察官をさらに増員する計画を発表した。

デサンティス知事は「国境がなければ、私たちは主権国家ではない」と語った。フロリダ州は二〇二一年からテキサス州の国境警備を支援しており、州兵七〇〇人以上を派遣して

ロン・デサンティス

クリスティ・ノーム

いる。

インディアナ州のエリック・ホルコム知事もインディアナ州兵五〇名をテキサス州に派遣する命令をだした。南北戦争前夜ではなく、すでに開戦ムードである。

スマホもTikTokも子供たちのメンタルヘルスに悪影響があると訴訟沙汰に

二〇二四年二月一四日、ニューヨーク市は、「ユーチューブ、TikTok、フェイスブック、インスタグラム、スナップチャットなどSNS五社が若者のメンタルヘルスに悪影響を与えている」と提訴に踏み切った。アメリカは訴訟社会だが、なるほど健康被害から大企業を訴えるという手段もあるのかと別の意味で感心した。

「運営各社は若者が依存するようにプラットフォームを意図的に設計している」と主張し、「虐《いじ》め、プライバシー侵害などでメンタルヘルスに悪影響を与えた」と損害賠償などを求めた。

上院公聴会でメタ（フェイスブックの親会社）CEOのマーク・ザッカーバーグが証言台に

立った。SNSの影響で子供を失ったと主張した家族に「謝罪」した。日本と異なってアメリカ社会での謝罪は損害賠償に応じるということである。

二〇二三年三月にアーカンソー州が、メタとTikTokアプリで利用できるコンテンツに関して、「消費者を欺いた」と訴訟を起こした。アーカンソー州のティム・グリフィン司法長官(共和党)はメタに対して一件、TikTokとその中国の親会社「バイトダンス」に対して二件の個別の訴訟を州裁判所で起こし、「欺瞞的取引の禁止法」に違反したと理由を挙げた。「フェイスブックやインスタグラムの親会社のメタが意図的に、若年層のユーザーが『中毒状態』に陥るようにアプリを設計した」

またTikTokとその親会社バイトダンスに対する訴訟では、「両社は未成年者に露骨なコンテンツを宣伝するアルゴリズムを作成した」と主張した。「未成年者の行動に影響を与え、重大な損害を与える可能性がある」とのことだ。

またTikTokは「中国政府がユーザーデータにアクセスできない」という虚偽の主張をしたとした。これらに対してTikTokCEOの周受資は「米国内のデータを中国政府と共有したことがない。私はシンガポール国籍であり、中国共産党とは関係がなく、指令を受けたこともない」と反論した。

裁判は広がりインディアナ州のトッド・ロキタ司法長官（共和党）は二〇二三年末、ＴｉｋＴｏｋが中国政府にユーザーデータを提供し、成人向けのコンテンツを子どもに提供しているとして、州の「消費者保護法に違反した」と訴訟を起こした。

メタもテキサス州で顔認証データを不正に収集していたとして提訴された。

ともかく訴訟が花盛り、いかにもアメリカらしい。

かくしてメタとＴｉｋＴｏｋは四八の州と地域の司法長官から提訴された。原告側は、同社がインスタグラムとワッツアップを買収した後に市場を独占したと主張した。この訴訟は二〇二一年に一度棄却されたが、司法省はこの訴訟を復活させるよう促していた。

こうした訴訟合戦を一覧しただけでも、裁判もまた「シン南北戦争」の別戦場と化していることが分かる。

ポリコレ（言葉狩り）は憎しみの哲学、国家分裂の元凶である。

左翼リベラルの跳梁跋扈と極左のメディア、出鱈目な教育現場、不正選挙、嘘偽りの裁判と無法地帯に不法移民……。この境遇たるや「分裂状況」などと形容してすまされるほどの生やさしいものではない。「内戦」の一歩手前なのである。リンカーン時代の南北戦争前夜も、これほどささくれだった状況だったのか。

ところが「まぼろしの核の傘」を信じて安全保障をアメリカに依存する日本は、まったく米国の激変に鈍感である。日本の危機的状況のほうが米国より深刻ではないのか。

永田町も霞が関も丸の内も、そうした認識がないばかりか、与党指導者を見ていると唯々諾々とLGBT法案を拙速に成立させ、北京へ揉み手して参勤交代する財界首脳陣。中国の批判を避けるメディアには愛国という概念が希薄である。

戦後、日本人は民族の矜持、国家の栄誉という価値概念を失った。だから敵の展開する悪辣な政策の基本にある「悪の論理」が分からない。

アメリカの危機は、日米同盟に頼る日本にとって「対岸の火事」ではない。日本の安全保障に直結する危機なのだ。左翼リベラル偏向で愛国主義を悪魔視する日本のメディアの記者たちは脳幹がいかれているが、フェンタニルで毎年七万人以上死んでいるのがアメリカだ。フェンタニルによる犯罪もうなぎ登り、仕掛けているのは「あの国」である。

危機を知覚し、武装するアメリカ国民は（田舎のおばさんでもピストルを所持している）、ずばり武力衝突の一歩手前にあるとして最悪の事態に備え始めた。

教育は左翼教師の洗脳によって破壊され、「白人原罪論」なるものがアメリカの若者を蝕み、軍では白人兵士の昇級を止め、女性や非白人兵士の昇格人事が目立つ。ＬＧＢＴやＢＬＭやらで軍の戦闘能力まで劇的に低下した。潜水艦に女性兵士が乗船すると、半分は妊娠して帰港するという。あまりのことに白人兵士は軍隊を去っている。軍人家系の子供たちは軍隊には行かなくなったのだ。

この激変ぶりに日本は鈍感であってはなるまい。いざというときにアメリカ軍の支援を期待するのは無理筋になりつつあるというのが現実的な情勢である。

戦闘できない軍隊に変貌したのも、いったい誰が仕掛けたのだ。

警官もマニュアル通りに任務を遂行すると「差別」と罵《のの》られ、犯人を捕まえても警官が有罪になる。となれば誰も警官になりたくないだろう。全米で治安は悪化するどころか、鬼もビックリの地獄の様相を呈している。

たとえトランプが再選されても、それは分裂の引き延ばし時間を買うだけで、もはやアメリカは救えないだろう。そこまでアメリカの分裂は避けがたいものとなっている。

ＭＡＧＡ（米国を再び偉大に）は「古き良き時代のアメリカ」に郷愁を覚えて理想とする人々が多い証拠でもあるが、現実の前には色褪せ、浮き世離れしたスローガンになりつつある。

ワルが嗤《わら》う世界がすぐそこにある！

装幀・本文デザイン　神長文夫＋吉田優子（ウエル・プランニング）

宮崎正弘（みやざき まさひろ）

評論家。1946年金沢生まれ。早稲田大学中退。「日本学生新聞」編集長、雑誌「浪曼」企画室長を経て、貿易会社を経営。1982年『もうひとつの資源戦争』（講談社）で論壇へ。国際政治、経済などをテーマに独自の取材で情報を解析する評論を展開。中国ウォッチャーとして知られ、全省にわたり取材活動を続けている。中国、台湾に関する著作は5冊が中国語に翻訳されている。代表作に『中国大分裂』（ネスコ）、『出身地でわかる中国人』（PHP新書）など著作は300冊近い。最新作は『AI vs. 人間の近未来』（宝島社）、『習近平独裁 3.0 中国地獄が世界を襲う』（徳間書店）『2025年トランプ劇場2.0！世界は大激変』（ビジネス社）『ステルス・ドラゴンの正体』（ワニブックス）。

悪《ワル》のススメ 国際政治《こくさいせいじ》、普遍《ふへん》の論理《ろんり》

2024年7月10日　初版発行

著　者…宮崎正弘

校　正…大熊真一（ロスタイム）
編　集…川本悟史（ワニブックス）

発行者…髙橋明男
発行所…株式会社ワニブックス
〒150-8482
東京都渋谷区恵比寿4-4-9 えびす大黒ビル
ワニブックスHP　http://www.wani.co.jp/
お問い合わせはメールで受け付けております。
HPより「お問い合わせ」へお進みください。
※内容によりましてはお答えできない場合がございます。

印刷所…株式会社光邦
ＤＴＰ…アクアスピリット
製本所…ナショナル製本

定価はカバーに表示してあります。

ISBN 978-4-8470-7457-8 C0095